Lo que me gustaría decirte...

Emeric Lebreton

Doctor en Psicología

Lo que me gustaría decirte...

Si encontrara las palabras,
Si tuviera más tiempo,
Si...

Traducción de Pablo Romero Alegría

MADRID - MÉXICO - BUENOS AIRES - SANTIAGO
2024

Título original: *CE QUE J'AIMERAIS TE DIRE*, por Emeric Lebreton
© 2024 De la traducción: Pablo Romero Alegría
© 2023, De esta edición, Editorial EDAF, S.L.U., por acuerdo con Emeric Lebreton, Butterfly Scientific Research, 30, Rue Richebourg, 72000 Le Mans, France
© 2024, Emeric Lebreton
Diseño de la cubierta: Francisco Enol Álvarez Santana
Maquetación y diseño de interior: Francisco Enol Álvarez Santana
Todos los derechos reservados

Editorial Edaf, S.L.U.
Jorge Juan, 68,
28009 Madrid, España
Teléf.: (34) 91 435 82 60
www.edaf.net
edaf@edaf.net

Ediciones Algaba, S.A. de C.V.
Calle 21, Poniente 3323 - Entre la 33 sur y la 35 sur
Colonia Belisario Domínguez
Puebla 72180, México
Telf.: 52 22 22 11 13 87
jaime.breton@edaf.com.mx

Edaf del Plata, S.A.
Chile, 2222
1227 Buenos Aires (Argentina)
edafadmi@gmail.com

Edaf Chile, S.A.
Huérfanos 1178 - Oficina 501
Santiago - Chile
Telf: +56 9 4468 05 39/+56 9 4468 0597
comercialedafchile@edafchile.cl

Junio de 2024
ISBN: 978-84-414-4319-8
Depósito legal: M-12955-2024

Papel 100% procedente de bosques gestionados deacuerdo con criterios de sostenibilidad.

PRINTED IN SPAIN   IMPRESO EN ESPAÑA
COFÁS

Índice

Las historias de este libro...

La mayoría de las historias que se cuentan en este libro son fruto de la imaginación de autores desconocidos. Han viajado de boca en boca a través del tiempo gracias a relatores itinerantes y juglares, como granos de arena que transporta el viento sin rumbo fijo. El talento de cada narrador las ha transformado, actualizado, modificado y pulido como si de piedras preciosas se tratara. Hoy se pueden encontrar en películas, en Internet, en las redes sociales y, por supuesto, en este libro... Estas historias pertenecen a la humanidad. Son enseñanzas fundamentales sobre cómo ser feliz. A mí mismo me han inspirado mucho, y si he decidido reunirlas es para transmitírtelas. Ahora te toca a ti contarlas, para que también puedas convertirte en sabio o poeta...

Agradecimientos

Quiero dar las gracias a todas las personas con las que me he cruzado en el camino de la vida mientras escribía este libro. Cada uno de estos capítulos está destinado a una de ellas; por tanto, es natural que les dedique este libro, ya que son en parte sus autores.

Quiero dar las gracias a los filósofos, pensadores y sabios de los que he tomado prestadas historias, observaciones y citas; este libro es para mí una oportunidad de rendirles un sentido homenaje. También quiero dar las gracias a todos los miembros de mi comunidad de Facebook por sus generosas sugerencias y comentarios positivos.

Por último, quisiera expresar mi más sincero agradecimiento a Élise Ducamp, editora, que me animó a escribir este libro, así como a Anne-Sophie Thuard, librera; Véronique Germond, periodista; Marc-Olivier Goldmann, escritor y corrector; Samira Qelaj, Béatrice Mathieu-Leloup y Marie Donzé, lectoras apasionadas, todas ellas miembros del comité editorial de este libro. Ahora que veo el trabajo completado, me doy cuenta de que esta obra es fundamentalmente la labor de toda una comunidad en la que yo he ejercido en última instancia el papel de un humilde mensajero.

Motivos para escribir este libro

Son muchas las personas con las que me he ido cruzando en el camino de la vida. Tengo cerca de mí a mi familia y a la gente a la que quiero. Como soy una persona sensible, puedo sentir si a estas personas no les va bien, si tienen problemas, si están atravesando una mala racha. ¿Y sabes qué? Eso me afecta y me hace sufrir a mí también. Por eso quiero ayudarles, porque quiero que sean felices.

A medida que he ido creciendo y haciéndome mayor, me he dado cuenta de lo difícil que es ayudar a la gente a la que quieres y hablar con ellos de cuestiones importantes. No tenemos tiempo suficiente, no encontramos las palabras, no tenemos las soluciones... y no siempre están dispuestos a escuchar. Piensan que queremos cambiarlos, dominarlos, dirigirlos.

Tanto si eres padre o madre, marido o mujer, hermano o hermana, seguro que en algún momento has vivido esta situación. Alguien cercano a ti estaba sufriendo, tomando malas decisiones, encerrándose en actitudes negativas. Querías ayudarle, tu actitud era sincera. Pero se negó a escucharte, rechazó tus consejos.

Con este libro quiero ser un mensajero. Quiero transmitir la voz de aquellos que quieren ayudar a sus seres queridos, pero que no encuentran las palabras, el tiempo o las soluciones que necesitan. En lugar de intentar convencerles o aconsejarles tú mismo, te sugiero que les regales este libro. Cuando estén preparados, lo leerán y encontrarán luz.

ESTE LIBRO ES UN REGALO QUE OFRECERSE A UNO MISMO
O A UN SER QUERIDO.

Una prueba antes de empezar

Si te pregunto por tres animales... ¿cuáles son los primeros que se te ocurren?

Déjalos anotados en un rincón de tu mente.

Lo que me gustaría decirte...
Si encontrara las palabras, si tuviera más tiempo, si...

Te quiero y siento por ti un profundo afecto. Y por eso cada vez que no estás bien, yo no estoy bien; cada vez que tienes un problema, yo tengo un problema; cada vez que tropiezas con algo, yo tropiezo con algo. Me afecta tu situación, porque de verdad anhelo verte feliz y plenamente realizado en tu vida.

Cada vez que te sientes así, me gustaría ayudarte a mejorar, a encontrar una solución, a resolver una dificultad. A menudo me gustaría darte algún consejo, pero la verdad es que no me atrevo. Tengo miedo de equivocarme, de hacerte daño o de meterme donde no me llaman. Creo que quizá solo quieres que te escuchen.

A veces me falta tiempo o me quedo sin energía y sin ideas. Pasan tantas cosas en tu vida, y tan complicadas, que parece difícil que una persona pretenda resolverlas todas sin ayuda. ¿Cómo es posible afrontar problemas irresolubles como la separación, la tristeza o la muerte de un ser querido? ¿Cómo es posible?

Te tengo un gran respeto y significas mucho para mí. Como no quiero entrometerme en tu vida, ni ocuparme de cosas de las que no te gustaría que me ocupara, he decidido regalarte este libro. Su autor es alguien muy bueno de corazón, y para escribirlo se ha inspirado en las personas más sabias de la historia de la humanidad.

No te sientas obligado a leerlo en seguida. Espera pacientemente a que llegue el día en que creas que te vendría bien un poco de luz de fuera. El día en que creas que otros pueden ayudarte, ya sea por la experiencia o por los conocimientos que atesoran, ese día, y solo ese día, coge este libro y léelo. Espero que te resulte útil e inspirador.

Te deseo una vida de felicidad y plenitud. Te deseo libertad y la oportunidad de cumplir tus sueños. En este libro encontrarás probablemente una o dos formas de conseguirlo, unas cuantas historias que te iluminarán, unas cuantas máximas que te harán pensar y te ayudarán. Este libro es un pequeño ladrillo más en la construcción de tu yo.

Nos vemos pronto, en la «vida real», para compartir momentos de charla y sonrisas.

Estar perdido en la propia vida

CUANDO TE VI, ERA COMO SI ESTUVIERAS BUSCANDO ALGO...
PARECÍAS PERDIDO... HACIÉNDOTE PREGUNTAS SIN PASAR
A LA ACCIÓN, HABÍAS PERDIDO TU CORAJE...

ESTO ES LO QUE ME HUBIERA GUSTADO DECIRTE... YO QUE VEO EN TI
TODO LO QUE PUEDES APORTAR A LOS DEMÁS Y AL MUNDO...

...PROBABLEMENTE HABRÍA EMPEZADO POR HABLARTE
DEL SENTIDO DE LA VIDA.

Todo ser humano tiene un destino. El hombre o la mujer al que le invaden las preguntas y ha dejado de avanzar está, de hecho, buscando su propio rumbo. Está como la mariposa dentro de la crisálida: en transformación. Busca su destino sin limitarse a la herencia recibida ni a las expectativas que en él han depositado sus padres o la sociedad. Explora superando sus límites, sus obstáculos y sus lastres. Trata de hallar en lo más profundo de su corazón esa estrella que guíe su camino.

Tú también tienes una misión fundamental que cumplir. Esta misión debe dar sentido a todo lo que hagas en tu vida. Las personas que conocen su misión confían en sí mismas y pasan a la acción. Tienen un arnés que sostiene todo lo que emprenden y le da sentido. Y nada puede doblegarlos ni desviarlos de su objetivo. Porque saben la razón por la que nacieron y la razón que justifica su presencia en el planeta. Conocen el sentido de sus vidas.

*   *   *

En una tierra lejana, una mujer paseaba por una playa desierta al atardecer. Poco a poco, distinguió la silueta de una joven en el horizonte. Se acercó y observó que la muchacha no dejaba de agacharse para recoger algo, que enseguida volvía a arrojar al mar.

Incansable, se agachaba, recogía algo de la arena y lo arrojaba al océano. Al acercarse más, la mujer se dio cuenta de que, en realidad, la joven estaba recogiendo las estrellas de mar que la subida de la marea había arrastrado hasta la playa y, una a una, las volvía a arrojar al agua.

La mujer estaba intrigada, así que se dirigió a la joven y le dijo: «Hola, ¿puedo hacerte una pregunta? Llevo un rato observándote y me gustaría saber qué haces».

«Estoy devolviendo las estrellas de mar al agua. Con la marea baja, todas estas estrellas han llegado a la playa. Si no las devuelvo al mar, morirán», respondió la joven.

La mujer la miró desconcertada antes de añadir: «Pero debe de haber miles de estrellas de mar en esta playa inmensa. No podrás salvarlas a todas. Son demasiadas. Y piensa que pasa lo mismo en otras playas por todo el país. ¿No ves que no puedes cambiar el destino de estas estrellas de mar?».
La joven sonrió. Volvió a agacharse y cogió otra estrella de mar. La devolvió al agua y exclamó: «Para esta, ¡acaba de cambiar todo!».

*　　　*　　　*

Si conoces el sentido de tu vida, actuarás siempre con confianza. Nada de lo que hagas te parecerá inútil. Sabrás lo que tienes que hacer y por qué has decidido hacerlo. Y como habrás elegido hacerlo, vivirás en armonía contigo mismo y con el mundo que te rodea. Las personas que conocen el sentido de su vida no temen las dificultades ni los fracasos, pues están centradas en su objetivo y cada una de sus acciones les parece necesaria y útil. Tienen fe en sí mismas.

*   *   *

«En un universo bastante absurdo, hay algo que no lo es: lo que podemos hacer por los demás».

André Malraux

*   *   *

Si aceptas buscar el sentido de tu vida, tienes que hacerte cuatro preguntas:

- La primera pregunta es: ¿Cuáles son los valores que guían mi vida?
- La segunda pregunta es: ¿Qué necesito para ser feliz?
- La tercera pregunta es: ¿Cuál es mi personalidad profunda?
- La cuarta pregunta es: ¿Cuáles son mis talentos?

Encuentra la respuesta a estas cuatro preguntas y aparecerá claramente ante ti el sentido de tu vida. Sabrás en qué país deberías vivir, qué trabajo deberías ejercer, con quién deberías casarte y qué deberías hacer cada día para ser feliz y hacer felices también a todos los que te rodean. No seas demasiado impaciente. A menudo lleva tiempo encontrar la respuesta a cada una de estas preguntas. Se requiere un gran conocimiento de uno mismo.

*   *   *

«Nosce te ipsum[1]»

Sócrates

*   *   *

---

[1] Conócete a ti mismo.

Al llevar a cabo este trabajo, un día descubrí que los dos valores que me guían son la libertad y el universalismo. Todo lo que hago tiene como fin mejorar mi propia libertad, tratando al mismo tiempo de cambiar el mundo haciendo mejores a los hombres y las mujeres que lo pueblan. Desde ese día, supe quién era y cuál era mi destino. Sentí una gran felicidad y estabilidad en mi interior. ¿Y tú? ¿Cuál es el valor, la «voluntad», que da sentido a cada una de tus acciones cada día?

¿Se trata de la voluntad...

- de gobernar a los demás como un príncipe?
- de disfrutar del momento presente como un epicúreo?
- de llegar a ser el mejor en un deporte, negocio o arte?
- de cambiar al mundo como un profeta?
- de perpetuar y defender las tradiciones como un patriarca?
- de vivir según los valores morales como un hombre honesto?
- de asumir nuevos retos como un conquistador?
- de vivir con seguridad como un hombre pacífico?
- de hacer el bien a tu alrededor ayudando a los demás como un sabio o un curandero?
- de...?

Eres tú quien debe descubrirlo...

*   *   *

«¿Cómo se mide el valor de los hombres? Por aquello que persiguen».

Proverbio persa

*   *   *

Para saber qué necesitas para ser feliz, puedes hacer un ejercicio. Coge un jarrón de buen tamaño y colócalo sobre una mesa. Junto a este jarrón, coloca cinco piedras grandes, un cuenco lleno de guijarros pequeños, una taza llena de arena y una jarra llena de agua. Las piedras grandes representan lo que es más importante para ti en la vida, las piedras pequeñas lo que satisface tus necesidades pero de forma secundaria, la arena lo que puede darte placer pero en realidad carece de importancia y el agua lo superfluo.

Entretente un rato tratando de llenar el jarrón. Verás que si quieres llenarlo por completo, tienes que empezar poniendo las piedras grandes, luego las pequeñas, después la arena y, por último, el agua. Si lo haces al revés, no podrás llenar el jarrón.

- ¿Cuáles son tus piedras grandes (aquello que necesitas para ser feliz)?
- ¿Cuáles son tus piedras pequeñas (aquello que es útil para tu bienestar pero no es imprescindible?
- ¿Qué es arena en tu vida (aquello que es superfluo)?
- ¿Qué es agua (aquello que no sirve para nada)?

Respondiendo a estas cuatro preguntas, descubrirás qué es realmente importante para ti y tomarás las decisiones correctas para tu vida futura.

*   *   *

Ahora que sabes lo que es realmente importante para ti, tienes que conocer tu personalidad profunda. Tu personalidad profunda es lo que eres en el fondo de tu ser. Tu personalidad profunda es lo que eras antes de que el mundo te enseñara a llevar una máscara. Tu personalidad profunda es la forma en que pensarías y te comportarías si pudieras hacer todo lo que quisieras de la forma en que quisieras hacerlo. Entonces vivirías en armonía con el mundo.

Al conocer tu personalidad profunda, puedes averiguar en qué país deberías vivir, qué trabajo deberías ejercer, con quién deberías casarte y muchas otras cosas. Así estarás en disposición de tomar las decisiones correctas. Ya no tomas decisiones

LO QUE ME GUSTARÍA DECIRTE...

para complacer a los demás, para gustar o ser apreciado ni para evitar que te critiquen. Haces cosas porque son buenas para ti, porque te proporcionan placer y bienestar y porque son coherentes con tu yo interior.

*   *   *

«Algunos rostros son más bellos que la máscara que los cubre».

Jean-Jacques Rousseau

*   *   *

Lo último que necesitas descubrir son tus dones. Los dones son tus talentos. Todos tenemos un don, y en nuestra mano está descubrirlo. Hay quien tiene talento para el dibujo y hay quien lo tiene para la música, el bricolaje, la organización, la conversación... A menudo, detrás de un defecto se oculta un don. Los dones te diferencian y te hacen único. Si tienes un gran defecto, probablemente sea tu mayor cualidad. Solo tienes que averiguar qué puedes hacer con él para ayudar a los demás y ser útil.

Tus dones sirven para generar algo que se ofrecerá a los demás, así que lo único que estarás haciendo es devolver a otros seres humanos lo que la naturaleza te ha dado en abundancia. Un conversador puede hablar durante horas, un pintor puede dibujar durante horas, un organizador puede ordenar durante horas. Cuando usas tus dones, nunca te cansas. Eres inagotable. Disfrutas con lo que haces y obtienes muchas satisfacciones a cambio.

*   *   *

«El significado de la vida es hallar tu don. El propósito de la vida, es compartirlo».

William Shakespeare

*   *   *

«El significado de la vida es encontrar tu regalo.
El propósito de la vida es regalarlo».

Pablo Picasso

*   *   *

Cuando te conozcas mejor, sabrás qué sentido quieres darle a tu vida. Conocerás tus necesidades fundamentales, tu personalidad profunda y tus dones. Entonces sabrás cuál es tu lugar en el mundo. Este lugar es el que permite a tu yo interior vivir en armonía con tu entorno exterior, y lo que te llevará a alcanzar la felicidad y la alegría y, al mismo tiempo, aportar alegría y felicidad a los demás. El hallazgo de este lugar supone una gran oportunidad.

*   *   *

«Cuando fui a la escuela,
me preguntaron qué quería ser de mayor.
Yo respondí: 'feliz'.
Me dijeron que yo no entendía la pregunta,
y yo les respondí que ellos no entendían la vida».

John Lennon

*   *   *

Esta es una historia que tuvo lugar hace mucho tiempo, en una época en la que se construían edificios tan grandes que la vida de un hombre no era suficiente para llevar la obra a término. En una de ellas, un arquitecto maestro recibió el encargo de formar a los aprendices, que tendrían la onerosa tarea de continuar la construcción una vez fallecido este.

El arquitecto maestro, cuando juzgó que sus alumnos habían aprendido prácticamente todo lo que necesitaban, los envió a las canteras para evaluar sus habilidades y conocimientos en la talla de piedra y mampostería. Y allí los dejó trabajando, solos, durante varias semanas. Al cabo de este tiempo, se personó allí para evaluar sus capacidades y talentos.

Acercándose a uno de ellos, le dijo: «Dime, mi querido alumno, ¿qué estás haciendo?». El alumno levantó la cabeza y lanzó una mirada sombría a su maestro. Parecía muy descontento con su suerte y con el difícil trabajo que se le había asignado. «Maestro, sabe usted muy bien que me paso el día tallando piedras en mi tarea como cantero».

El maestro continuó su inspección y vio a un segundo alumno tallando piedra: «Dime, mi querido alumno, ¿qué estás haciendo?». El aprendiz se levantó y respondió respetuosamente: «Maestro, trabajo duro cada día para tallar la piedra y aplicar sus enseñanzas».

El maestro sonrió... animó al aprendiz a continuar su trabajo y siguió su camino. De repente, llamó su atención un tercer aprendiz. Parecía extremadamente concentrado en su tarea, como si no existiera nada más a su alrededor. Acercándose a él, el maestro vio al alumno que, después de haber tallado su piedra, la pulía con amor.

Le pregunta: «Dime, mi querido alumno, ¿qué estás haciendo?». El estudiante se puso en pie y, levantando la piedra que tenía delante, respondió con voz emocionada: «Maestro, estoy construyendo una catedral».

Si te encuentras perdido en tu vida, es porque ya no sabes cómo ser útil. Pregúntate cómo quieres ser útil a los demás. Pregúntate qué tipo de catedral has sido llamado a construir. Entonces surgirá tu verdadera vocación. Más allá de las pruebas, los esfuerzos y los placeres de tu vida cotidiana, verás la forma de tu vida perfilarse en la distancia, como quien observa las nubes en el cielo. No lo olvides. Tus acciones y pensamientos son el lápiz con el que trazas la forma de tu destino.

Perder a un ser querido

AYER, EN CUANTO ENTRÉ POR LA PUERTA, TE DERRUMBASTE EN MIS BRAZOS: ACABABAS DE PERDER A UN SER QUERIDO... ESTABAS LLENO DE TRISTEZA Y LLORABAS... YO ESTABA CONMOCIONADO Y NO ENCONTRABA LAS PALABRAS...

ESTO ES LO QUE ME HUBIERA GUSTADO DECIRTE... SI HUBIERA PODIDO HACER ALGO MÁS QUE COMPARTIR TU DOLOR... SI NO HUBIERA TENIDO ESE NUDO EN LA GARGANTA QUE IMPEDÍA QUE SALIERAN LAS PALABRAS...

PROBABLEMENTE HABRÍA EMPEZADO CONTÁNDOTE LA HISTORIA DE ESTE HOMBRE.

En una tierra lejana, había un hombre y su familia que vivían pacíficamente de cultivar la tierra. Este hombre se llamaba Santiago. Santiago labraba todo el día las hermosas praderas que rodeaban su casa y que se extendían hasta donde alcanzaba la vista. Cada mañana, daba gracias al gran río que bordeaba su terreno por traerle el agua con la que regaba los cereales, las verduras y las frutas que crecían en sus campos. Santiago vivía feliz con su mujer, su hija y sus dos hijos.

Todos los años, al final del invierno, el río se desbordaba, inundando parte de los terrenos ubicados en las orillas. El limo arrastrado por el agua del río enriquecía el suelo. Un año, sin embargo, el río creció mucho más de lo habitual y el agua llegó hasta la casa de Santiago, situada en la ladera de una colina. Santiago llevó a sus animales a lo alto de la colina para mantenerlos a salvo pero se negó a abandonar la casa que tantos años había dedicado a construir.

Pero el agua seguía subiendo. Cada día llovía más y más. Aunque el agua había inundado la planta baja de la casa, Santiago se negaba a abandonar su hogar. Entonces el agua subió al primer piso. Santiago se refugió entonces en el tejado de su casa, desde donde divisaba sus tierras anegadas por el agua, convertidas ahora en un lago. Su familia se había marchado. Santiago se había quedado solo con la compañía del más fuerte de sus hijos en el tejado de la casa, esperando a que el agua del río se retirara.

Una noche, tras una violenta tormenta que provocó otra crecida del río, un vecino vino a buscarlo en su barca, antes de que su casa quedara sumergida. Santiago se trasladó a la cima de una colina donde tenía un pequeño granero. Seguía esperando a que bajara el agua. Intentó construir diques y bombear el agua. Pero no había nada que hacer. Parecía que el río ya no volvería a su cauce. De hecho, aguas arriba del río había reventado una presa que no podía reconstruirse.

Todos sus amigos le aconsejaron que dejara el cultivo de la tierra y se dedicara a otra cosa. Pero Santiago se negaba, porque sabía que en la vida hay que ser valiente. «Has hecho todo lo que has podido, has luchado con coraje. Pero ya no hay nada que puedas hacer en esta situación —le decían—. Debes aceptar lo que ha sucedido». Cuando alguien le decía eso, Santiago se enfadaba. Se encerraba en sí mismo y, cuando se quedaba solo, lloraba por haber perdido para siempre aquella hermosa casa y su antigua vida.

Finalmente, al cabo de unos meses, Santiago entró en razón. Comprendió que no tenía sentido sufrir por lo que se había perdido. En lugar de quedarse llorando, volvió al trabajo para aprovechar al máximo lo que aún tenía. Con su hijo más fuerte, se puso a reconstruir otra casa. De vez en cuando, seguía enfadándose y lamentándose, pero cada vez con menos frecuencia. Con el tiempo, llegó a aceptarlo y se centró de nuevo en su futuro.

- La ira que le perseguía le abandonó.
- Se disipó la tristeza.
- Volvió la alegría.

Decidió salir de viaje, ya que hacía mucho tiempo que no desconectaba de verdad. En el camino, se encontró con otros hombres que vivían junto al río y que también habían perdido sus casas. Habían decidido colocar redes en el río, que se había convertido en lago, para pescar. Esta idea le pareció extraordinaria y, tan pronto como regresó a casa, partió con el más fuerte de sus hijos de regreso al lago para colocar también unas redes con cebos. Al día siguiente comieron un pescado delicioso, y Santiago comenzó entonces su nueva vida de pescador. Al final de sus días, se había convertido en un hombre respetado y querido. Había enseñado a mucha gente a colocar redes y a pescar. Muchos de los habitantes de su país se sentían en deuda con él, porque les había enseñado a alimentarse y a salvar a sus familias de la hambruna que les amenazaba. El día de su entierro, se puso en su lápida: «*Aquí descansa Santiago, el pescador*».

*   *   *

Hay personas que han regresado de la muerte. Sus corazones se habían parado, sus electroencefalogramas eran planos y los médicos estaban a punto de rendirse, convencidos de que todo había terminado. Y, de repente, inspiraron profundamente. Era como si hubieran descendido hasta el fondo del mar, más allá de lo posible, y hubieran tomado impulso en el fondo para subir a la superficie. Todo volvió a la vida en su interior. Todo pudo ponerse en macha de nuevo.

Todas las personas que han tenido esta experiencia cuentan la misma historia: caminaban por un túnel. Al final del túnel, había una hermosa luz. Unas voces les llamaban suavemente y los animaban. No sentían dolor. Se sentían muy bien. Era como si se hubieran liberado de un peso: ligeros, aliviados, tranquilos, serenos al entrar en la luz... Y entonces recuperaron la conciencia. Volvieron a vivir como antes. Bueno, de otra manera...

*   *   *

«Todos tenemos dos vidas: la segunda comienza cuando nos damos cuenta de que tenemos solamente una».

Confucio

*　　*　　*

Si te cuento la historia de estas personas que han conocido la muerte es para decirte que esa persona, a la que amas profundamente y a la que has perdido, no sufrió. Cuando llegó la hora de partir, tuvo la misma sensación que todos los que habían hecho el último viaje. Esta persona siguió la luz que iluminaba el fondo del túnel. Estaba bien. Estaba en paz. Todo era sencillo. El alivio y la liberación le acompañaban. En su mundo, ya no existían las dificultades, los problemas ni el dolor. Solo había paz.

*　　*　　*

En el útero de una mujer embarazada había dos embriones: uno optimista y otro pesimista. El pesimista tomó la palabra y dijo: «¿Cómo puede alguien creer en la vida después del parto?».

El optimista respondió: «Estoy seguro de que hay vida después del parto. El único sentido del tiempo que pasamos en el vientre de nuestra madre es prepararnos para la vida después del parto. El parto no es el final, sino un nuevo nacimiento».

El pesimista respondió: «Lo que dices es falso. No puede haber vida después del parto. ¿Qué forma tendría esa vida? En cualquier caso, nadie ha vuelto nunca del parto para hablar de lo que pasa después».

El optimista añadió: «Estoy seguro de que el mundo que nos espera después del parto es un mundo lleno de luz. Podremos ver con los ojos, oler con la nariz, comer con la boca e incluso correr con las piernas...».

El pesimista objetó: «Nada más que dices tonterías, eso son invenciones. ¿Cómo podremos correr? ¿Y comer con la boca? ¿De qué serviría eso si tenemos este cordón umbilical que nos alimenta y nos une a nuestro mundo?».

Añadió el optimista sin perder la esperanza: «¡Seguro que sí se puede! La vida que nos espera es muy diferente. Vamos a descubrir cosas extraordinarias: capacidades fascinantes y un mundo maravilloso».

El pesimista le contradijo de inmediato: «Hay que enfrentarse a los hechos. Con el parto llega el final de la vida, y ese es nuestro destino como embriones. Y después, solo queda la nada. Tras el parto, desapareceremos».

El optimista asintió: «Estoy de acuerdo contigo al menos en un punto: no sabemos lo que hay después. Estoy seguro de que después del parto conoceremos a nuestra madre y ella nos cuidará bien».

El pesimista se burló: «¿Una madre? ¿Crees en las madres? ¿Pero quién es? ¿Cómo es? ¿Y qué hace exactamente por nosotros? Definitivamente, tienes muchos pájaros en la cabeza. Deberías ser un poco más razonable».

El optimista fue entonces un poco más allá: «Nuestra madre está en todo nuestro alrededor. Es la pared que nos protege, el cordón que nos nutre, el calor que nos calienta, el líquido en que flotan nuestros cuerpos... Vivimos en ella y a través de ella. Sin ella, no existiríamos».

El pesimista volvió a burlarse: «¡Es el colmo del delirio! Nunca he visto ninguna prueba de la existencia de ninguna madre. Esa madre de la que hablas es un producto de tu imaginación para tranquilizarte porque tienes miedo del parto».

Añadió el optimista con voz clara: «A veces, cuando nos rodea una calma agradable, puedo oírla cantar. Es como una vibración que viene de todo lo que nos rodea. Ella acaricia nuestro mundo. Siento así su presencia, y estoy deseando conocerla».

*   *   *

«Nadie ha averiguado aún si todo vive para morir
o si solo muere para vivir de nuevo».

Marguerite Yourcenar

*   *   *

Los hindúes consideran que, en el momento de la muerte, el espíritu se separa del cuerpo. Aunque para algunos representa la puerta de la liberación, la mayoría de las almas anhelan encontrar un nuevo cuerpo. El alma se reencarna. A través de este proceso, los seres humanos experimentan vivencias que sirven para aprender y evolucionar espiritualmente. Al final de su evolución, dejan de renacer. Según la vida que hayan vivido y su karma, se reencarnan en animales, piedras, árboles o seres humanos. Comienza así una nueva vida.

Para los egipcios, la muerte era solo una etapa más de la vida que les aguardaba y para la que se preparaban desde una edad muy temprana y durante toda su existencia. Así, se aprestaban a construir y decorar la tumba, preparar los objetos que se llevarían para tener todo lo necesario, hacer donaciones y prever el dinero necesario para los sacerdotes. Toda la vida terrenal se consideraba una preparación para la vida después de la muerte, la vida del alma inmortal. ¿Tenían razón?

Los amerindios creían que los hombres y las mujeres tenían dos almas: una unida al cuerpo y otra que podía abandonarlo en los períodos de sueño, enfermedad o trance. Cuando un hombre o una mujer moría, su alma pasaba inmediatamente al mundo de los espíritus. Los espíritus permanecían entonces en contacto con los vivos y también podían adueñarse de sus cuerpos. Cuenta la leyenda que este fue el destino del famoso cantante Jim Morrison.

En el verano de 1949, Steve y Clara Morrison iban con sus hijos de vacaciones cuando se encontraron con un camión volcado en la carretera. En la carretera yacían unos indios heridos. Jimmy, que tenía entonces cinco años, miró por la ventanilla y empezó a sollozar: un viejo médico indio tendido junto a la carretera, miró fijamente a Jimmy, sonrió y murió. Años más tarde, ya convertido en una estrella del rock, Jimmy se referiría a este acontecimiento como «el momento más importante de su vida». Para Jim Morrison, el alma del chamán muerto entró ese día en su cuerpo.

*   *   *

«No están muertos los que viven en los corazones que dejan tras ellos».

Proverbio amerindio

*   *   *

Seguro que la persona que amas, esa que ya se ha ido, se ha reencarnado. Tal vez se haya convertido en una bonita flor que algún día verás junto a un camino. Tómate el tiempo de detenerte y admirar su belleza. Tal vez se haya convertido en uno de esos pájaros que cantan frente a tu ventana a primera hora de la mañana. Tómate tu tiempo para escuchar su canto. O quizá sea ese árbol que te da sombra en los rigores del verano. Tómate tu tiempo para respirar su aroma y relajarte bajo su copa.

Presta atención, porque esta persona está ahí, seguro, en algún lugar próximo a ti. El amor sincero que sentías por ella generará un vínculo irrompible. Seguro que se cruzará en tu camino. Sentirás su presencia y sabrás que está ahí. Lo sabrás y tu corazón sentirá paz porque ahora se ha convertido en algo bueno. Así es como las señales deberían indicarte la presencia de aquellos que has amado, que ya se han ido, pero que permanecen entre vivos bajo otra forma.

*   *   *

«Si amas a una flor que se encuentra en una estrella,
es agradable mirar el cielo por la noche».

El Principito, Saint-Exupéry

*   *   *

Hay tres sentimientos que pueden impedirnos pasar el duelo por la pérdida de un ser querido. El primero es el arrepentimiento. Podemos arrepentirnos de no haber pasado suficiente tiempo con la persona que ha muerto, de no haberle dicho algo importante, de no haberle ayudado lo suficiente. Esta persona se fue demasiado rápido, no tuvimos tiempo de decir, de hacer, de pensar... Ahora que esta persona se ha ido, pensamos que es imposible. Por eso resulta muy difícil olvidarlo.

Cierra los ojos. Piensa mucho en esa persona que quieres y que se ha ido. Recuerda su cara, su olor, el sonido de su voz, su presencia... Y habla. Di lo que te hubiera gustado decir. Haz lo que te hubiera gustado hacer con ella. Bésala y tómala en tus brazos. Vive lo que te hubiera gustado vivir con esa persona. No temas relacionarte con lo invisible. Ten fe y verás que se disipará el arrepentimiento, dando paso a la plenitud.

*   *   *

El segundo sentimiento que puede impedirnos pasar el duelo por la pérdida de un ser querido es la culpa. ¿Hemos hecho lo suficiente para evitar lo peor, para contenerlo, para protegerlo? La culpa es la ira dirigida contra uno mismo. Para curar la culpa, hay que curar la ira. La cura de la ira pasa por aceptar que no eres en absoluto responsable de lo ocurrido. No tenemos el poder de cambiar el curso de los acontecimientos. No tenemos el poder de cambiar las decisiones que se han tomado.

*   *   *

El tercer sentimiento que puede impedirnos pasar el duelo es la injusticia. Desde que somos pequeños se nos enseña en la escuela, en casa y en la sociedad que el mundo es justo. Los adultos nos dicen: si te portas bien, tendrás tu recompensa. Pero si haces el mal, serás castigado. Y luego creemos que esta ley se aplica también a la naturaleza y a la vida. Creemos que los inocentes tendrán derecho a la felicidad y que se les evitará la muerte, la enfermedad y el dolor, pero esto no es cierto. La naturaleza no sabe lo que es la justicia, ignora la ley humana. En la vida, los inocentes conocen tanto castigo como los culpables. Para curarse de la pérdida de un ser querido, para hacer el duelo, primero hay que renunciar a la idea de justicia. Primero tenemos que mirar el mundo tal como es, y luego perdonarlo por no ser más justo, por no respetar el orden que nos gustaría que siguiera. Perdonarlo para poder seguir viviendo en él.

*   *   *

Ha llegado el momento. Debes pasar página. Los vivos te requieren. Necesitan tu atención. Reclaman tu apoyo, tu valor, tu energía... Ve a ocuparte de ellos un rato y ten paciencia. El inaceptable final pronto se disipará en tu propio final. La vida pasa rápido. Pronto te reunirás con aquellos a los que has querido. No hay que tener prisa. Ciertamente, todo sigue su curso. Puedes estar tranquilo. Porque cuando la vida se acabe, volverás a verlos. Nunca te han dicho adiós, solo hasta luego.

*   *   *

La nuit n'est jamais complète.
Il y a toujours, puisque je le dis,
Puisque je l'affirme,
Au bout du chagrin
Une fenêtre ouverte, une fenêtre éclairée

Il y a toujours un rêve qui veille,
Désir à combler, Faim à satisfaire,
Un cœur généreux,
Une main tendue, une main ouverte,
Des yeux attentifs,
Une vie, la vie à se partager.

La noche no es nunca completa.
Hay siempre, ya que lo digo,
ya que lo afirmo,
al final de la desdicha
una ventana abierta,
una ventana iluminada.

Hay siempre un sueño que vela,
deseo que colmar,
hambre que calmar,
un corazón generoso,
una mano tendida,
una mano abierta,
ojos atentos,
una vida: la vida para compartir.

«La nuit n'est jamais complète (*La noche no es nunca completa*)»

Paul Éluard (traducción de Jesús Munárriz)

*   *   *

Un día, cuando estaba en pleno duelo, un amigo me dijo que él no se ponía triste cuando alguien fallecía. «¿Y cómo haces?», le pregunté sorprendido. Me respondió que las personas que se habían ido seguían vivas en su corazón. Para volver a verlos, escucharlos y hablar con ellos, solo tenía que cerrar los ojos y sentir su presencia. Entonces, como por arte de magia, aparecían ante él. Pasaba un rato con ellos, charlando o simplemente disfrutando de su presencia, sin decir nada.

Quizás tú también puedas cerrar los ojos y pensar en esa persona que ha desaparecido y a la que tanto quieres. Tal vez puedas buscar su presencia en tu corazón. Seguro que aún puedes sentir el amor que sientes por ella y ella por ti. Escucha, siente, observa. Con los ojos cerrados, concentrándote en tu respiración, desciende a lo más profundo de ti y encontrarás al ser que creías desaparecido, que en realidad sigue viviendo en tu corazón y a tu alrededor.

*   *   *

*«Que se me conceda la fuerza para aceptar las cosas que
no puedo cambiar, el valor para cambiar las cosas que
puedo cambiar y la sabiduría para conocer la diferencia».*

Marco Aurelio

*   *   *

Ya lo sabes. Tienes derecho a estar triste. Tienes derecho a querer estar solo y a llorar. Lo que me gustaría decirte es que pienso mucho en ti. Si lo necesitas, llámame e iré a visitarte. Podremos hablar, distraernos, tomar un café o incluso no hacer nada. Pasaremos un rato juntos, riendo y llorando. Cuando la carga es demasiado pesada, hay que unir fuerzas para llevarla. Estoy dispuesto a ayudarte a llevar tus cargas. Lo que me gustaría decirte es que estoy contigo.

Ver en uno mismo solo los defectos

LA ÚLTIMA VEZ QUE NOS VIMOS, ME HABLASTE MUCHO DE TUS DEFECTOS... TUVE LA SENSACIÓN DE QUE HABÍAS PERDIDO LA CONFIANZA EN TI...

CUANDO LLEGUÉ A CASA, LAMENTÉ NO HABER ENCONTRADO LAS PALABRAS PARA CONSOLARTE.

ESTO ES LO QUE ME HUBIERA GUSTADO DECIRTE... PARA AYUDARTE A VER TODO LO MARAVILLOSO Y ÚNICO QUE HAY EN TI...

...PROBABLEMENTE HABRÍA EMPEZADO CONTÁNDOTE ESTA HISTORIA INSPIRADORA.

En la India, un aguador llevaba una vara de madera sobre los hombros, con dos grandes vasijas colgando a ambos lados. Una de ellas, agrietada, perdía la mitad de su preciado cargamento en cada viaje. La otra, en perfecto estado, conservaba toda su agua de manantial hasta llegar a la casa del amo. Y por eso, la vasija perfecta hinchaba el pecho por conseguir cumplir cada día su función impecablemente. Por su parte, la vasija defectuosa estaba deprimida por conseguir completar solo la mitad de su tarea.

Al cabo de dos años, la vasija estropeada llamó al aguador mientras la llenaba en el manantial. «Me siento culpable y pido disculpas» —dijo. «¿Por qué pides disculpas?», preguntó asombrado el aguador. Sorprendida, la vasija reaccionó: «Porque en estos dos años, ha sido culpa mía que, a pesar de todos tus esfuerzos, solo hayas entregado la mitad de mi agua a nuestro amo al final de cada viaje. No consigues que te reconozcan todos tus esfuerzos».

Conmovido por tanta atención, el aguador respondió a esta confesión: «Bueno, mientras volvemos a la casa del amo, quiero que hoy prestes más atención y te fijes en la vegetación que hay a lo largo del camino». Mientras subían por la colina, la jarra dañada contempló maravillada magníficas flores en las orillas. Pero al final del recorrido, seguía sintiéndose fatal porque, una vez más, había perdido la mitad del agua.

Al llegar a casa del amo, el aguador dijo a la vasija: «Entonces, ¿te has dado cuenta de que solo había flores bonitas en TU lado, y casi ninguna en el lado de la tinaja perfecta? Siempre he sabido que perdías agua y lo he aprovechado. En tu lado del camino, planté semillas de flores porque sabía que se regarían todos los días. Durante dos años, gracias a ti, he podido recoger flores para decorar la mesa del amo. Sin ti, nunca habría podido encontrar flores tan hermosas y vistosas».

*   *   *

En San Francisco, hay una calle en una colina llamada *Lombard Street*. Esta es la única calle de la ciudad con curvas. En las ciudades estadounidenses, las calles son rectas y rectangulares. En Europa es al revés: las calles son sinuosas. Esta calle, con todos sus giros y vueltas, es extraña. ¡Es un defecto! Pero como resultado, atrae a turistas de todos los Estados Unidos, que quedan asombrados y maravillados por esta rareza. Esta calle es una atracción, y algún día me gustaría pasear por ella contigo.

*   *   *

Una hermosa mañana de primavera, un campesino y su hijo llevaron su burro al mercado para venderlo. El padre y el hijo caminaban y el burro los seguía. Apenas habían dado unos pasos cuando se cruzaron con un grupo de muchachas que caminaban en dirección contraria.
—¡Míralos! —exclamó una de las niñas señalando al granjero—. ¡Qué idiotas! Caminan a pie cuando podrían estar montados en su burro.

Al oír esto, el anciano le dijo tranquilamente a su hijo que se subiera a lomos del burro y continuaron su camino hacia el mercado...

Pasaron junto a un grupo de hombres sentados a un lado de la carretera y el campesino oyó decir a uno de ellos:
—Hay que ver... los jóvenes de hoy en día ya no respetan a sus mayores. ¡Ese vago debería bajarse para que su padre descansara un poco las piernas!
El hijo, de un salto, se bajó del burro y cedió a su padre su lugar...

Luego, se cruzaron con unas mujeres que iban acompañadas de sus hijos.
—¡Mirad que señor más cruel! —gritaron—. Va tan rápido que el pobre muchacho apenas puede seguirle.
Ante este comentario, el campesino se detuvo y alzó al muchacho para que se sentara detrás de él.
Siguieron su camino y casi habían llegado al mercado cuando un comerciante los detuvo.
—¿Este burro es suyo? —preguntó.
—Sí —respondió el granjero.
—Pues estoy escandalizado por la forma en que lo trata —añadió el comerciante—. ¡Dos personas a lomos de un burro son demasiadas! Acabará muriendo si sigue así. ¡Más valdría que lo llevara cogido!

Siguiendo este consejo, el campesino y su hijo bajaron del burro, le ataron las patas y lo llevaron colgado de una viga de madera. Pero el burro no iba nada cómodo de esa manera, así que empezó a forcejear y consiguió romper la cuerda que le sujetaba las patas, con la mala suerte de que cayó en un río que corría junto al camino y se ahogó. El granjero, impotente, regresó a casa con las manos vacías.

*　　*　　*

Cuando te miro, veo muchas cualidades. Tienes montones de cosas maravillosas. Si valoro tu presencia, si me gusta verte y oírte y sentirte cerca de mí, es porque creo que eres una persona extraordinaria. Veo tantas cosas positivas que me digo que mereces tener una buena vida, conocer gente estupenda y ser feliz. Quería decírtelo porque normalmente no encuentro las palabras y no me atrevo, aunque lo sienta profundamente.

Cuando te miro, veo en ti un enorme potencial y un sinfín de posibilidades. Tienes un brillante futuro por delante en el que todos tus conocimientos te ayudarán a emprender acciones maravillosas. Sé que tienes sueños y estoy convencido de que puedes hacerlos realidad, porque tienes las cualidades y la fuerza interior para conseguirlo. Todo es cuestión de atención e intención. Mira en el lugar adecuado y verás que puedes hacerlo. Atrévete a desear lo mejor para ti y se hará realidad.

*   *   *

Leí una vez la historia de un niño que decían que tenía problemas en la escuela. Pasaba horas sumido en sus pensamientos y se había retrasado en el aprendizaje de la lectura y la escritura. Sus compañeros se reían de él, sus profesores no sabían qué hacer y sus padres estaban muy preocupados. Ese niño era Albert Einstein, distinguido investigador y Premio Nobel de Física, responsable de muchos de los avances tecnológicos que aún hoy benefician a la humanidad. ¡El retrasado resultó ser un genio!

*   *   *

Quizás sufras por tus «imperfecciones físicas». El aspecto físico es una parte muy importante de uno mismo. La sociología y la historia son especialmente esclarecedoras al respecto. ¿Sabías que en Tailandia, Corea y Taiwán se considera muy atractivos a los hombres con nariz prominente? ¿Sabías que en algunos países las mujeres exhiben libremente su vello corporal mientras que en otros se admiran sus curvas? Los defectos y las cualidades se valoran según ciertos criterios que son propios de cada cultura.

*   *   *

Supongo que estarás de acuerdo conmigo si afirmo que una característica se considera una cualidad o un defecto dependiendo del contexto. Por eso, si en ti solo ves imperfecciones, lo que tal vez sucede es que no estás en el contexto adecuado. En el lugar en que te encuentras no se valora naturalmente todo lo que eres. Basta entonces con cambiar de entorno, poner rumbo al lugar propicio y frecuentar a las personas indicadas. Trata de imaginar en qué lugar o con qué persona todos tus defectos se convertirían por arte de magia en cualidades.

*   *   *

Mucha gente cree que hay que ser perfecto para que te quieran. Sin embargo, este pensamiento delata un profundo desconocimiento de la psicología, pues son numerosos los estudios científicos que prueban justamente lo contrario. Porque a la gente le gustan las personas que tienen tanto virtudes como defectos. Se necesitan las dos cosas: es como un equilibrio. Demasiados defectos desagradan. Demasiadas virtudes asustan. ¡La perfección es aterradora! El punto justo es el equilibrio entre virtudes y defectos: eso es justamente lo que nos hace humanos.

Trata de recordar tus mejores vacaciones. Seguro que te vienen a la mente aquellos días repletos de amistad, descubrimiento y aventura... ¿Pero a que hay también en tu recuerdo alguna situación complicada? Las mayores calamidades son las imperfecciones que salpicaron estos momentos de tu vida. Estos recuerdos son los que, por efecto de contraste, golpean tu memoria como un martillo. Vacaciones, personas, lugares... recordamos lo que es a la vez tan perfecto y tan imperfecto.

*   *   *

Voy a contarte la historia del «K». Érase una vez un joven llamado Stefano que desde pequeño cargaba con la losa de lo que, según él, era una maldición.

Creía que le perseguía un monstruo marino con aspecto de tiburón gigante que era conocido como «el K». Stefano se pasó toda la vida huyendo por instinto de este monstruo; por ejemplo, jamás se acercaba a la orilla del agua. Sin embargo, según fue creciendo, sintió la llamada del océano. Se hizo así marinero y recorrió todo el mundo en su barco. Incluso en estas rutas marinas, seguía huyendo del «K» porque era algo que aún le estremecía.

Al final de su vida, cuando la muerte ya le acechaba, Stefano, cansado de huir, decidió ir en busca de su destino y hacer frente al «K». Lo que encontró fue un pez también viejo y cansado que, en realidad, no tenía ninguna intención de hacerle daño. Si iba detrás de Stefano era porque le habían encomendado la misión de hacerle entrega de una perla mágica que le aseguraría el éxito, la riqueza y la felicidad durante toda su vida. Stefano se dio cuenta así de que había estado escapando de su destino hasta el ocaso de su vida[2].

*   *   *

Lo que ves en ti mismo como defectos, ¿no son «el K», ese gran tiburón aterrador? ¿Acaso no son señales estos defectos? ¿No deberías utilizarlos para lograr un mayor éxito y desarrollarte plenamente en otros ámbitos? ¿No debería el desordenado aceptar que en su interior hay un artista? ¿No debería aceptar el charlatán que, de hecho, es un gran comunicador? ¿Y no podría utilizar el gruñón su mal humor para cambiar el mundo luchando contra la injusticia?

*   *   *

En realidad, tus defectos remarcan tu singularidad. No tienes que intentar ajustarte a lo que se espera de ti, sino mostrarte tal y como eres. Tus defectos son como las estrellas del cielo que sirven al capitán de un barco para orientarse. Son ellos quienes deben guiarte, pues ocultan una parte insospechada

---

[2]   Este texto se ha adaptado libremente del libro *El K* (1966).

de tu potencial. Incluso los peores defectos pueden convertirse en algo ex-traordinario. Hazlos valer. No temas nunca las críticas.

*   *   *

- El desordenado crea obras de arte.
- El gruñón cambia el mundo.
- El tímido escucha.
- El perezoso mejora los procesos.
- El loco innova.
- El conservador preserva.
- El grande ayuda al pequeño y el pequeño ayuda al grande.

Cada ser humano tiene un lugar en el mundo.

*   *   *

- Si alguien quisiera rozar la perfección, ¡tendría que pasar por tu lado!
- Si la perfección no existe en la Tierra, ¿en qué planeta vives?
- La perfección existe en la Tierra, ¡y tú eres la prueba viviente de ello!
- Por mucho que lo intentes, ¡solo consigues ser genial!
- Tu cara es perfectamente simétrica, como un boceto de Leonardo da Vinci.
- Aportas luz a mi vida.
- Contigo, no existe el aburrimiento.
- ¡Eres el azúcar de mis churros!
- Tienes más encanto que Brad Pitt y Angelina Jolie juntos.

*   *   *

¿Qué es lo que hace 999 veces «TIC» y 1 vez «TOC»?

Respuesta:
Un ciempiés con una pata de palo

Escucha tus 999 patas que hacen «TIC» en lugar de la que hace «TOC».

*   *   *

Hay que rebelarse contra aquellos que quieren encajonarnos. Quienes te critican se equivocan, solo son personas con una mente demasiado estrecha para aceptar la diferencia y la humanidad. Esas cabezas se parecen a las pequeñas oficinas cuadradas que salpican los interminables pasillos de las grandes construcciones soviéticas. Las mismas oficinas, del mismo tamaño, todas grises y sin interés. Eso es lo que nos prometen sus mentes perfectas: un mundo sin brillo, color ni fantasía.

*   *   *

Por supuesto, hay algunos defectos que pueden hacerte sufrir. En este caso, simplemente apiádate de ti. Háblate a ti mismo como hablarías a un amigo que te confiesa su dolor. Háblate a ti mismo como alguien que te desea lo mejor, con dulzura y empatía. Tus palabras deben ser como caricias de alivio para tu corazón atormentado, como el cálido aliento de una madre sobre la rodilla herida de su hijo. Sé tan compasivo contigo mismo como lo eres con tus allegados.

*   *   *

Considera tus defectos como una oportunidad para progresar, una invitación para desarrollarte. La crítica puede ser positiva: al picarte, te hace reaccionar. Y quien haya te ha picado, sea cual sea su intención, buena o mala, te ha hecho un favor. Te ha llevado a cuestionarte, a ponerte en duda, a salir en busca de una nueva versión de ti mismo. Esta búsqueda te ha puesto en movimiento, y al ponerte en movimiento, te ha dado más vida. Así que da las gracias a todos los críticos por no dejar que permanezcas inmóvil.

*   *   *

«El hombre con visión suficiente como para admitir sus limitaciones se acerca más a la perfección».

Goethe

*   *   *

Lo que realmente me hubiera gustado decirte es que te quiero. Te quiero, así que me dan igual tus cualidades y tus defectos: te quiero tal como eres. No quiero que cambies, aunque puedes hacerlo si quieres. Solo quiero que te sientas bien, feliz y realizado, porque si estás feliz, yo también lo estoy. Cada vez que te ríes, yo también me río. Si te veo irradiar felicidad y sonreír, a mí me pasa lo mismo. Eres una de las personas que me inspiran.

Yo mismo estoy lleno de defectos e imperfecciones: no siempre sé escuchar ni estoy tan presente como debería; no soy el más divertido ni el más comprensivo. Tampoco me cuido tanto como podría ni destaco por ser simpático y divertido. A veces incluso me comporto como un auténtico idiota. Soy una imperfección en tu vida. Soy un defecto. Pero si quieres aceptarme de todos modos, seré feliz. Podrás enseñarme a mejorar, y siempre te estaré por ello agradecido.

Ganas de rendirse

CUANDO TE VI, ESTABAS CANSADO... SE TE ACUMULABAN LOS PROBLEMAS Y TENÍAS LA SENSACIÓN DE NO PODER CON TODO... TENÍAS GANAS DE RENDIRTE...

ESTO ES LO QUE ME HUBIERA GUSTADO DECIRTE... PARA DESPERTAR LA FE, EL FUEGO Y LA FUERZA QUE HABITAN EN TU INTERIOR...

...PROBABLEMENTE HABRÍA EMPEZADO CONTÁNDOTE ESTA HISTORIA.

Érase una vez dos ranas que se habían caído en un cuenco de crema de leche. Ninguna de ellas podía nadar en esta nata, demasiado espesa, ni podía salir del cuenco, porque los bordes estaban demasiado altos.

Al cabo de unos minutos, estaban exhaustas de tanto luchar por salir de este atolladero. Cada vez les resultaba más difícil salir a la superficie y recuperar el aliento. Iban a ahogarse. Dijo una de ellas:

«Ya no tengo fuerza. Nunca conseguiremos salir de aquí. Voy a morir. No veo por qué debería seguir luchando, ya que de todos modos estamos condenadas a morir en este cuenco».

Dicho esto, dejó de luchar y desapareció, engullida por el espeso líquido blanco.

La otra rana, más obstinada, se dijo: «¡Es imposible! No hay escapatoria posible. Y aun así, aunque la muerte esté cerca, lucharé hasta mi último aliento. Me niego a morir así, sin hacer nada».

Siguió agitándose en el mismo sitio, sin avanzar, durante horas y horas. Y de repente, gracias a este movimiento continuo de las ancas y su incansable lucha, la nata se transformó en mantequilla.

Sorprendida, la rana se levantó de un salto y patinó hasta el borde del cuenco. Y así fue como consiguió regresar a casa, croando alegremente por el camino.

*   *   *

Cuando luchas por resolver un problema o superar un obstáculo, parece que tus acciones carecen de sentido. Pero en realidad, no es así. No eres consciente de que cada uno de tus pasos son como semillas que plantas. Algunas de estas acciones se traducirán en resultados positivos en un futuro próximo. Lo que sucede sencillamente es que aún no los puedes ver porque estás centrado en resolver el problema que tienes entre manos. Y es que las semillas aún no han tenido tiempo de germinar, crecer y producir hermosos frutos.

*   *   *

Un joven capitán había decidido emprender un largo viaje. Quería ir a América porque había oído que allí se podía hacer fortuna. ¡Todo el mundo decía que América era la tierra de las oportunidades! Un día, vendió todo lo que tenía. Con ese dinero, compró un barco y contrató a una tripulación. Era junio: el momento propicio para emprender una larga travesía. Zarpó una tarde soleada, convencido de alcanzar la costa americana en menos de tres semanas.

La primera semana transcurrió tal y como había imaginado. El barco era rápido, la tripulación era eficiente y estaba motivada y la climatología era favorable. Impulsado por un fuerte viento, el barco navegaba a toda vela hacia América. Pero al séptimo día, el tiempo cambió. Estaba a unas diez millas del Caribe cuando de repente el cielo se volvió negro como la noche. Se levantaron violentas ráfagas de viento. Una fuerte lluvia comenzó a caer sobre el puente. Un relámpago iluminó el cielo.

En pocos minutos, el viento soplaba tan fuerte que rasgaba las velas como si fueran hojas de papel. Un rayo quebró el mástil. Las olas superaron la borda del barco y engulleron a los marineros bajo un grito ahogado. Tras unas horas de encarnizado combate contra las fuerzas de la naturaleza, solo quedaba el joven capitán aferrado al timón de la nave a la deriva de la tormenta, zarandeada por las olas como un minúsculo trozo de madera.

Justo en ese momento, una ola gigantesca azotó la cubierta y partió el barco por la mitad. Desapareció bajo las aguas en un segundo. Cuando el joven capitán volvió en sí, estaba solo en medio del furioso océano, aferrado aún al timón del barco que flotaba como un juguete a merced de las olas. La tormenta continuó durante mucho tiempo: varias horas o varios días, el joven capitán perdió por completo la noción del tiempo. Se aferró con la energía de la desesperación al trozo de madera que le mantenía a flote y con vida. Y entonces la tormenta desapareció igual que había llegado. El sol brillaba en lo alto del cielo azul. El mar era una balsa de aceite.

El joven capitán miró a su alrededor. Estaba solo en medio de un vasto desierto de agua salada infestado de tiburones. En ese momento, supo que estaba perdido. Por esta ruta no pasaba ningún barco, ya que había preferido desviarse un poco para ganar tiempo. No tenía nada que beber ni comer. Por muchas vueltas que le diera, en ese momento supo que estaba condenado a muerte. Entonces se preguntó: ¿debo seguir nadando, resistiendo la fatiga, el hambre y la sed, o debo resignarme a mi suerte y dejarme morir?

Mientras pensaba en su destino, volvió a mirar a su alrededor. No había nada más que agua, excepto... Aguzó la vista. Le pareció divisar un punto negro a lo lejos. Se frotó los ojos, pensaba que estaba soñando. Pero no, había algo a lo lejos que parecía flotar en el agua. Un barco, un arrecife, una isla o un espejismo... Este lugar estaba a varias decenas de kilómetros, una distancia infranqueable para un hombre en su estado de cansancio. El joven capitán no se lo pensó dos veces; podía sentir cómo recuperaba las fuerzas. Pensó en América, en aquel poderoso sueño que le había hecho abandonar una vida tranquila para lanzarse a la aventura y descubrir el mundo. Se agarró a una viga que flotaba y empezó a nadar hacia el misterioso punto negro. Tenía pocas posibilidades de triunfar, pero se le había presentado una oportunidad. ¡Tenía que llegar hasta allí!

Avanzaba muy despacio. Durante el día, el sol le quemaba la cara, y por la noche el frío le paralizaba. Le dolía todo el cuerpo, pero no le importaba porque ahora tenía un objetivo. Lo atenazaban la sed y el hambre, que le hacían sufrir horriblemente. Afortunadamente, llovió al final del segundo día. Pudo beber un poco de un recipiente que había recogido cerca del naufragio.

Nadó así durante tres días y tres noches. Y finalmente, llegó a la playa de una isla. Agotado, se tumbó en la arena. Apenas podía moverse, pero estaba vivo. Un nativo que pasaba por allí fue a avisar a los demás miembros de su aldea, que llegaron raudos a contemplar al forastero. Le dieron de comer y de beber. Le curaron. Y cuando por fin se recuperó de esta terrible prueba, construyó una balsa y reanudó su viaje. Pocos días después llegó a la bahía de Nueva York, donde hizo fortuna y cumplió sus sueños. Ahora nada podría detenerle.

*   *   *

Para recuperar tus fuerzas, tienes que recordar tu objetivo. Tienes un objetivo en esta vida: salud, felicidad, fama, fortuna, libertad... o todo lo anterior. En realidad, no importa cuál sea tu objetivo. Cierra los ojos. Concéntrate. Visualiza tu objetivo. Visualízalo de forma muy concreta. Si quieres hacerte rico, imagínate sentado sobre un montón de oro; si quieres encontrar un nuevo trabajo, imagínate acudiendo a tu nuevo puesto; si quieres encontrar el amor, imagínate con la mujer o el hombre de tu vida caminando de la mano.

Tienes que visualizar tu objetivo y situarlo claramente en el centro de tu mente. Una vez que ocupe el centro de tu mente, debes iluminarlo con toda la luz de tu alma y de tu corazón. Ahora, si piensas en tu objetivo, nada puede distraerte de él. Tu mente y tu cuerpo no se desviarán del camino marcado. Solo tienes que preocuparte por vivir con normalidad, porque estarás actuando sin darte cuenta para hacer realidad tu sueño. Irás dando pasos siempre en la dirección correcta.

Y si te apetece, puedes incluso crear un mural donde ver tus progresos: recorta una cartulina grande y pega en ella imágenes, dibujos, citas... que correspondan a tus objetivos. Colócalo luego en un lugar donde puedas verlo todos los días. Así, tendrás siempre presente cuáles son tus objetivos y cuáles son los medios de que te servirás para hacerlos realidad. Este mural te insuflará fuerza y perseverancia para no rendirte nunca. Te dará constancia para triunfar.

*   *   *

Vous êtes fatigués...
(Estáis cansados)
On n'est pas fatigués
(No, nosotros no)

Olé

Vous êtes fatigués
(Estáis cansados)
On n'est pas fatigués
(No, nosotros no)

Les filles sont fatiguées
(Las niñas están cansadas)

On n'est pas fatiguées

(No, nosotras no)

Les mecs sont fatigués
(Los chicos están cansados)
On n'est pas fatigués
(No, nosotros no)

Canción popular

*   *   *

Existe una técnica llamada PNL (Programación NeuroLingüística) a la que podemos recurrir para cambiar nuestro estado interior. Esta técnica consiste en comunicarse con uno mismo precisamente para provocar una serie de modificaciones en nuestro propio ser. La PNL nos enseña que somos dueños de lo que pensamos y sentimos. Así que si te lo propones, puedes cambiar de estado interior tan fácilmente como te cambias de camisa. Puedes pasar de la tristeza a la alegría, de la desesperación al espíritu de lucha.

Si estás cansado, si tienes ganas de rendirte y si anhelas esa fuerza interior en la que sueles apoyarte, echa la mirada atrás y recuerda ese día en que eras todo coraje. Recuerda un momento de tu vida en el que tu determinación era inquebrantable. Ese día, recuerda, nada podía detenerte. ¡Parecía que te habías comido un león! Recuerda cuántos años tenías. Recuerda quién eras. Recuerda lo que viste, lo que oíste, lo que sentiste por dentro.

Si consigues concentrarte lo suficiente, si buscas y si encuentras ese recuerdo, de repente sentirás que la fuerza de aquel día se hace presente. Sentirás que el valor, la fuerza y la determinación vuelven a ti. Y entonces retomarás la lucha, porque nada puede derrotarte. ¡Eres invencible! Concéntrate, recuerda, deja que vuelvan a embriagarte las emociones del aquel momento. Deja que el pasado vuelva al presente y te transforme. Siente cómo recuperas las fuerza. Porque eres un guerrero de la luz.

*   *   *

«—¿Qué es un guerrero de la luz?
—*Tú lo sabes. Es aquel que es capaz de entender el milagro
de la vida, luchar hasta el final por algo en lo que cree, y entonces,
escuchar las campanas que el mar hace sonar en su lecho*».

«*El guerrero de la luz confía. Porque cree en milagros,
los milagros empiezan a suceder*».

Paulo Coelho, *Manual del guerrero de la luz*

*   *   *

«*Perdona... Soy un beso que se perdió... ¿Puedo posarme en tu mejilla?*».

Anónimo

*   *   *

Si te has quedado sin fuerzas, tal vez tu objetivo sea demasiado difícil de alcanzar por ti mismo. Pide ayuda a tus amigos, familiares y compañeros o incluso a gente que no conozcas... Los seres humanos somos empáticos y tendemos por naturaleza a ayudar al prójimo. Solo tienes que pedirlo. Sé humilde y acepta que no te alcanzan las fuerzas para llegar tú solo. Ya verás, seguro que sientes un gran alivio el día que te atrevas a dar ese paso. No olvides nunca este lema, que puede ayudarte en los momentos difíciles: ¡uno para todos y todos para uno!

*   *   *

«Cuando dos fuerzas se unen, su efectividad se duplica».

Isaac Newton

*   *   *

«Lo que no te mata te hace más fuerte».

Friedrich Nietzsche

*   *   *

«La mayoría de las cosas importantes en el mundo han sido realizadas por personas que lo han seguido intentando aun cuando parecía no haber ninguna esperanza».

Dale Carnegie

*   *   *

Los chamanes del Amazonia dicen que todas las personas tenemos un animal tótem que habita en nuestro interior y nos brinda la energía y la fuerza para vivir y sobrevivir. Cuando una persona cae enferma o se enfrenta a una dificultad, el chamán organiza una ceremonia en la que pone el alma de la persona en contacto con su animal tótem: el caballo, el leopardo, la serpiente, etc. Al reconectar con su animal tótem, la persona recobra su fuerza y su valor.

Y tú... ¿ya sabes cuál es tu animal tótem? ¿Es el tigre, con su agilidad; el águila, cuya vista llega hasta lugares remotos; el caballo, capaz de recorrer grandes distancias; el camello, que puede pasar semanas sin comer y sin beber ni una sola gota de agua...? Averigua cuál es tu animal tótem. Es ese animal al que te pareces por naturaleza. Piensa un poco en ello y te vendrá en seguida. Deja que tu intuición te guíe y te ayude a reconectar con las fuerzas profundas de tu interior.

*   *   *

Risin' up, back on the street
Ascendiendo, de vuelta a las calles,
Took my time, took my chances
me tomé mi tiempo, aproveché mis oportunidades.
Went the distance, now I'm back on my feet
He recorrido la distancia, ahora estoy de nuevo en pie,
Just a man and his will to survive
solo un hombre y su voluntad de sobrevivir.
So many times, it happens too fast
Tantas veces, ocurre demasiado rápido
You trade your passion for glory
intercambias tu pasión por gloria.
Don't lose your grip on the dreams of the past
No pierdas de vista los sueños del pasado,
You must fight just to keep them alive
debes pelear para mantenerlos vivos.

Extracto de la canción «The eye of the tiger…»
(El ojo del tigre…) Canción de la película *Rocky*

*   *   *

Tres hombres tenían el sueño de escalar el pico más alto del mundo. Así, pusieron rumbo al Himalaya y llegaron a los pies del monte *Everest*. Se habían preparado a la perfección, habían seguido a rajatabla los entrenamientos más exigentes, llevaban los materiales más modernos y los acompañaban los mejores sherpas. Allí estaban, impacientes ante la idea de hacer realidad su sueño. Eufóricos, iniciaron la escalada hacia la cima blanca claramente definida ante el azul del cielo.

Los primeros días fueron muy bien. El tiempo era espléndido y no estaban a mucha altitud. La escalada al Everest se complica según se aproxima la cumbre, ya que el oxígeno escasea, la temperatura desciende y el viento aumenta. Al final del séptimo día, llegaron a un campamento a solo mil metros del techo del mundo. A pesar del cansancio, tenían el convencimiento de que su sueño iba a hacerse por fin realidad. Sus corazones rebosaban esperanza y coraje.

Al amanecer del día siguiente, iniciaron el ascenso. Todo iba bien, pero hacia el mediodía se levantó viento del norte. A esa altitud, soplaba gélido. Cuanto más subían, más difícil les resultaba. Uno de los hombres, el más precavido, sugirió iniciar el descenso, en lo que el segundo de ellos estuvo de acuerdo, pues, a pesar de que por naturaleza era más osado, presagiaba una fuerte tormenta. Pero el primer hombre quería llegar ese mismo día a la cima, así que rechazó su propuesta y prosiguió su camino bajo el azote del viento y la nieve.

Los dos hombres volvieron al campamento y esperaron a que escampara la tormenta, que fue terrible. Dos días después, el buen tiempo había vuelto. Retomaron entonces su ascenso. Era su última oportunidad de hacer cima, ya que la temporada para escalar el *Everest* terminaba al día siguiente. Llegaba luego la temporada de lluvias, que hacía imposible la aventura. Comenzaron su ascenso con normalidad, pero de nuevo hacia el mediodía se levantó viento del norte y una espesa niebla cayó sobre la montaña.

El tercer hombre, el más precavido, sugirió al segundo que volvieran a bajar. Pero esta vez, el segundo hombre, viendo que su sueño se le escapaba, rechazó la propuesta. Y continuó su camino a través de la niebla mientras el tercer hombre bajaba de nuevo al valle. Estaba triste porque sabía que pasaría mucho tiempo antes de que pudiera volver a intentar escalar esa montaña. Porque era un viaje muy largo y caro y el presupuesto se le había terminado.

Así que volvió a casa, trabajó mucho y consiguió ahorrar. Pasaron cinco largos años antes de que regresara a las laderas del Himalaya. No había renunciado a su sueño. El ascenso fue difícil, pues era más mayor y tenía menos fuerzas que antes, pero con la ayuda de su sherpa llegó al punto donde lo había dejado cinco años antes. Al día siguiente, se preveía tormenta y temió tener que bajar de nuevo, pero cuando se levantó al amanecer, hacía un día precioso.

Subió unos cien metros y se encontró con el primer cadáver. Era uno de los hombres que le habían acompañado en su primera ascensión. Había muerto de hipotermia. Volvió a subir y se encontró con el cadáver del segundo hombre, que también había muerto congelado. Esta visión le hizo reflexionar mucho sobre la vida. Cuando alcanzó la cima y por fin hizo realidad su sueño, se dijo a sí mismo: si las dificultades crecen demasiado, aprende a ser paciente. Si siguen y siguen creciendo, aprende a desistir.

Pero nunca renuncies a tu sueño, ¡porque algún día se hará realidad!

Una historia real contada por un amigo alpinista que escaló el Everest en 2016.

*   *   *

«*No podemos renunciar a nada, solo cambiamos una cosa por otra*».

Sigmund Freud

*   *   *

Cuando estés cansado, cuando pierdas el valor, ven a verme y te ayudaré lo mejor que pueda. También puedo ayudarte a decidir si es mejor perseverar, esperar o abandonar un proyecto demasiado complicado o difícil. Pero estoy convencido de que hay que hacer realidad los sueños, así que te animaré también a ser paciente y hacer todo lo posible por conseguirlo. Con las ganas que tengo de ver brillas tus ojos por haber conseguido aquello que perseguías... Aquí me tendrás para ayudarte en todo lo que necesites.

*   *   *

«Siempre tienes que apuntar a la luna, porque incluso si fallas, aterrizas en las estrellas».

Oscar Wilde

*   *   *

Las 3 personas más perseverantes del mundo :
1. El emperador
2. Su mujer
3. El principito

*   *   *

Lundi matin, l'empereur, sa femme et le petit prince sont venus chez moi pour me serrer la pince, mais comme j'étais parti, le petit prince a dit, puisque c'est ainsi je reviendrais mardi...
Mardi matin, l'empereur, sa femme et le petit prince...
(El lunes por la mañana, el emperador, su esposa y el principito vinieron a mi casa para darme la mano, pero como yo no estaba, el principito dijo: «Pues vale, volveré el martes...». El martes por la mañana, el emperador, su esposa y el principito...).

Canción infantil

Sentir dolor

LA ÚLTIMA VEZ QUE NOS VIMOS ESTABAS SUFRIENDO MUCHÍSIMO. NO HABÍA FORMA DE QUE SE FUERA EL DOLOR... HASTA EL PUNTO DE QUE TENÍAS LA SENSACIÓN DE QUE NO TE LIBRARÍAS NUNCA DE ÉL.

ESTO ES LO QUE ME HUBIERA GUSTADO DECIRTE... PARA QUE TE SINTIERAS MEJOR... PARA QUE ESTUVIERAS BIEN...

...PROBABLEMENTE HABRÍA EMPEZADO CONTÁNDOTE ESTA HISTORIA SALADA.

Una abuela que estaba harta de oír quejarse incesantemente a su nieto le pidió un día que fuera a buscar sal. Cuando volvió del supermercado, la abuela le pidió a su nieto que echara una cucharada grande de sal en un vaso de agua y que se lo bebiera.

—¿A qué sabe? —preguntó.

—Está salado —respondió su nieto haciendo una mueca.

La abuela se rio a carcajadas y pidió a su nieto que vertiera la misma cantidad de sal en un lago que había cerca.

—Ahora, bebe agua del lago —le pidió. El nieto, obedeciendo, tomó un sorbo del agua pura del lago de la montaña. Su abuela le preguntó de nuevo: «¿A qué sabe?».

—El agua es fresca y tiene el sabor de la nieve —respondió con una gran sonrisa.

—¿Sentiste el sabor de la sal? —preguntó la abuela.

—No —respondió.

La abuela se sentó junto a su nieto y le explicó lo siguiente con ternura:

«La sal representa el dolor que sentimos. La cantidad de dolor sigue siendo exactamente la misma, pero el grado depende del 'recipiente' en el que lo coloques. Así que cuando sufres, lo único que puedes hacer es ampliar tu percepción de las cosas. Deja de ser un vaso y conviértete en un lago».

*　　　*　　　*

La insensibilidad congénita al dolor es un trastorno genético poco frecuente que suele tener consecuencias muy graves. Esta enfermedad provoca una pérdida del sentido del dolor en todas sus formas y en todas las partes del cuerpo. La persona conserva el sentido del tacto, pero es incapaz de distinguir entre lo que le duele y lo que no. Por ejemplo, puede distinguir entre frío y calor, pero no sabe que se está quemando. Evidentemente, esto plantea importantes problemas.

Esta enfermedad aparece en la primera infancia. Se traduce en múltiples traumatismos porque el niño no se da cuenta de que se ha hecho daño: puede quemarse, golpearse o arañarse la piel sin sentir dolor. Por tanto, esta enfermedad puede ser muy peligrosa, ya que los niños pueden lesionarse gravemente sin darse cuenta, y suele provocar una muerte prematura, no por la enfermedad en sí, sino por los traumatismos que de ella se derivan.

*　　　*　　　*

El dolor es útil en esta vida, pues te permite detectar los peligros y evita que te hagas daño. Gracias al dolor no te quemas, no saltas demasiado alto, no corres demasiado rápido ni golpeas un objeto con demasiada fuerza. En sí mismo, el dolor no supone un problema. El dolor ayuda a tomar las decisiones adecuadas y a actuar correctamente. Pero a veces este útil mecanismo puede fallar, y entonces aparece el dolor sin que se pueda encontrar una solución. Te duele, pero parece que no hay cura.

*   *   *

Un día, un joven se miró al espejo y vio que tenía un granito blanco en la cara. El primer día no le prestó mucha atención, pero al día siguiente volvió a fijarse en él. Parecía más grande. No estaba seguro, pero diría que estaba creciendo... El joven estaba preocupado porque el sábado tenía una fiesta con varios amigos, entre los que estaría una chica que le encantaba.

Pasó la noche y volvió a mirarse en el espejo: esta vez estaba seguro de que el grano había crecido. Al mirarse, lo único que veía era ese grano en medio de su cara, así que decidió hacer algo al respecto. Cogió una loción que tenía su madre para limpiarse la piel y empezó a frotarse el grano enérgicamente para que desapareciera. Cuando terminó, no es que el grano siguiera ahí, es que además estaba todo rojo alrededor. Se lo había frotado tan fuerte que se había irritado la piel.

Digamos que el día fue bastante complicado. Aprovechaba cada momento libre que tenía para ir al baño y mirarse al espejo. El grano no desaparecía, y tampoco las rojeces. A mediodía, harto, intentó explotárselo con los dedos. Presionó con fuerza para que saliera el líquido blanco de su interior. Pero el grano no cedía, y encima estaba cada vez más blanco por dentro y más rojo por fuera. Parecía cada vez más hinchado.

Cuando llegó a casa esa noche, cogió una aguja del costurero y se perforó el centro. Ahora sí, ¡lo consiguió! El grano reventó y dejó salir el líquido blanquecino. Así, el joven se fue a la cama seguro de su victoria. Pero a la mañana siguiente, cuando se puso frente al espejo, la situación había empeorado. El grano no solo estaba blanco de nuevo, sino que se le había infectado porque la aguja estaba sucia. Ahora era aún más grande y toda la piel de alrededor estaba inflamada. Lo único que se veía era el grano en medio de la cara.

El grano empeoró. El joven tenía ahora una infección y no conseguía curarse la herida que se había hecho sobre el grano. Fue a varios médicos que le dieron cremas, pomadas y antibióticos. Algunos intentaron perforarlo también, pero la situación, lejos de mejorar, estaba cada vez peor, hasta el punto de que el joven pensó que iba a morir a causa de esa infección en la cara. Ahora temía quedar completamente desfigurado y volverse terriblemente feo.

Un día, agotado, volvió al médico. El que le veía siempre estaba de vacaciones, y ahora había un sustituto. El médico era joven e inexperto, pero era un médico excelente. Cuando vio el grano, simplemente dijo: «Deja de tocártelo, piensa en otra cosa y verás como se acaba curando». El joven dejó de tocárselo y, para su sorpresa, al cabo de siete días, el grano se había curado por completo. Había sido él quien había provocado y empeorado la infección con todo lo que había hecho[3].

*   *   *

El dolor no es una realidad, sino una percepción. Esta percepción se compone de tres dimensiones:

- Miedo al dolor: tengo miedo a sentir dolor.
- Experimentar dolor: siento dolor.
- Recordar el dolor: recuerdo el momento en que sentí dolor.

Si dejas de prestar atención al dolor, eliminarás dos de sus componentes: el miedo al dolor y el recuerdo del dolor. Conseguirás de esta manera un verdadero alivio e, incluso, la curación. Si, por el contrario, dejas que el dolor acapare toda tu atención, lo único que harás será pensar en tu dolor. Te convertirás en el dolor y tu vida se volverá imposible. La hipnosis puede ayudarte, si lo deseas, a ampliar tu percepción y reducir el miedo y el recuerdo del dolor. Prueba esta técnica para aliviar tu dolor.

---

[3]   ¿Te soy sincero? El protagonista de esta historia soy yo, cuando tenía 23 años.

*   *   *

—Doctor, no entiendo qué me pasa. Cuando me toco el corazón me duele mucho, cuando me toco el hígado también me duele mucho, y cuando me toco el estómago me duele aún más. Espero no tener un cáncer extendido, me asusta mucho la idea. ¿Podría darme su opinión médica?
—Claro que sí, ¡yo creo que lo que usted tiene es el dedo roto!

*   *   *

Cuando sientas dolor, haz este ejercicio. Empieza por concentrarte en el dolor. Trata de ser plenamente consciente de él. Debes centrar toda tu atención en tu dolor para poder comprenderlo en todas sus facetas. De este modo, lograrás entenderlo. ¿Lo tienes? Pues ahora compáralo con algo, como un objeto, un animal, un fenómeno... lo que sea. Simbolízalo con algo que conozcas y que pueda representar bien ese dolor.

Por ejemplo, el pinchazo de una aguja, el ardor del fuego, martillazos en tus huesos, unas tenazas que te pinzan... El caso es que consigas encontrar algo que represente tu dolor y pueda simbolizarlo. Cuando hayas encontrado esa imagen, podrás modificar la percepción del dolor cambiando aquello que lo representa jugando con tu mente.

- Tapa la punta de esa aguja.
- Echa agua para apagar el fuego.
- Convierte en espuma el martillo de hierro.
- Transforma las tenazas en un trozo de goma.
- Imagina que el objeto del dolor se aleja, se vuelve borroso y luego desaparece.
- Etc.

Al hacer este ejercicio, descubrirás que tienes el poder de cambiar la forma en que percibes tu dolor. Tienes el poder de variar la intensidad de esta percepción. Tal vez no consigas hacerlo desaparecer por completo al primer intento, o tal vez sí... Lo importante es que descubras el poder que reside en ti y que te permite modificar sensaciones y percepciones, reducir el dolor y aumentar los momentos de felicidad simplemente ejercitando tu voluntad y tu mente.

*   *   *

El dolor es un mensajero. Si sientes dolor en alguna parte, escucha el mensaje:

- Si te duelen los ojos, ciérralos.
- Si te duelen los pies, deja de andar.
- Si te duele el hígado, come fruta y verdura.
- Si te duele la cabeza, aléjate del ruido y de la luz.
- Si te duele la espalda, suelta esa pesada carga.

El dolor es muy a menudo el resultado de abusos, excesos o una repetición de malos hábitos. Antes de que apareciera el dolor, había señales que no supiste escuchar. Aprende a escuchar a tu cuerpo y el dolor desaparecerá con el tiempo. Escucha lo que sientes. No fuerces innecesariamente ciertos órganos. Trata a tu cuerpo con dulzura y respeto. Te lo devolverá con sensaciones agradables y placenteras. La salud y sus maravillosas sensaciones serán tu recompensa.

*   *   *

«Sé sensato, oh dolor mío, y quédate tranquilo».

Charles Baudelaire

*   *   *

La alimentación es la causa de gran parte del sufrimiento de tu cuerpo. Si estás sufriendo, quizá puedas intentar cambiar algo en la cantidad y calidad de lo que comes. La fruta y la verdura son como las medicinas, pueden ayudarte a curarte de muchas dolencias. Por otro lado, ciertos alimentos, por ser demasiado grasos, contener demasiado azúcar o estar ultraprocesados, pueden provocarte enfermedades y actuar como auténticos venenos. Prueba a cambiar tu dieta.

Por ejemplo, sabemos que la leche es una sustancia indigesta que provoca diferentes problemas, como dolores articulares y reumatismo. Beber leche también provoca un aumento de peso que ejerce presión sobre la espalda, las rodillas y las caderas. Intenta dejar de beber leche y comer productos lácteos. Tómate unos días de descanso y comprueba si se nota la diferencia. Hay muchos otros alimentos con los que hay que tener cuidado y que pueden aumentar tu dolor, así que ten cuidado.

*   *   *

«*Que la comida sea tu primera medicina*».

Hipócrates

*   *   *

Al dolor físico puede añadirse el dolor psicológico: el dolor de la ira nacida de un sentimiento de injusticia. ¿Qué he hecho yo para merecer este sufrimiento? Porque sí, el dolor es absurdo e injusto. Pero ahí está. ¿Qué sentido tiene enfadarse? ¿Qué sentido tiene culpar al mundo entero y a uno mismo del sufrimiento? Esto solo añade pena a la pena y te roba la energía que necesitas para afrontar el dolor. No hay más remedio que asumir el dolor y afrontarlo.

*   *   *

«Aquí abajo, el dolor sigue al dolor; el día sigue al día,
y la pena sigue a la pena».

Alphonse de Lamartine

*   *   *

Recuerda que el ser humano tiene dos almas. La primera vive en el cuerpo, está unida a él, es el aliento que lo anima, es como una vibración. Cuando estás plenamente presente para ti mismo, es esta alma la que utilizas y es a través de ella que percibes el mundo. La segunda alma vive fuera del cuerpo y a su alrededor. Es libre y, como un pájaro, puede volar a otros mundos. Cuando sueñas, piensas o meditas, estás utilizando tu segunda alma.

Cuando sufres, puedes sentir la tentación de utilizar tu segunda alma para escapar del dolor. Puede que te seduzca la idea de consumir drogas o alcohol porque estas sustancias alimentan tu segunda alma y te ayudan a vivir lejos de tu dolor. Pero recuerda: solo tu primera alma puede ayudarte a sanar. Únicamente tomando posesión de tu cuerpo y enfrentándote a tu dolor podrás despertar las milagrosas fuerzas de la vida que hay en ti. Porque tu primera alma invita la sanación de tu cuerpo.

*   *   *

«Mens sana in corpore sano»[4]

Juvenal

*   *   *

---

[4]   Una mente sana en un cuerpo sano.

Detrás de un dolor físico puede haber un dolor psíquico. El trabajo, tu relación de pareja y tu familia son posibles causas de tus dolores.

- Si hay conflictos, hay que resolverlos.
- Si hay tensiones, hay que sofocarlas.
- Si te sientes fuera de lugar, hay que cambiar algo.

Para mantener el cuerpo en buen estado de salud y limitar el dolor, hay que vivir en el lugar adecuado con las personas adecuadas. No te compliques la vida tomando decisiones equivocadas.

*   *   *

«*El cuerpo humano es un barco en el que el alma se embarca para cruzar un mar tempestuoso*».

Axel Oxenstierna

*   *   *

Si te duele algo, pídeme consejo y te daré algunas ideas para intentar aliviar el dolor. Seguro que encontramos algo para que te sientas mejor; hay miles de soluciones para aliviar ese sufrimiento: hipnosis, acupuntura, yoga, meditación, ayuno, actividad física, medicina tradicional... Y ten siempre esto presente: hay una medicina que tus seres queridos pueden darte para ayudarte a sentirte mejor y aplacar tu dolor: el Amor.

Buscar la felicidad

¡ME ENCANTÓ VERTE AYER TAN FELIZ Y RADIANTE!

ESTO ES LO QUE ME HUBIERA GUSTADO DECIRTE... SI ME HUBIERA ATREVIDO... PARA QUE SIEMPRE SEAS FELIZ... PARA QUE TUS SONRISAS SIGAN ILUMINANDO MI VIDA...

...PROBABLEMENTE HABRÍA EMPEZADO CONTÁNDOTE ESTA HISTORIA.

Una mujer paseaba con su hija pequeña por la montaña. De repente, la niña se resbaló con una piedra y acabó en el suelo. Se hizo daño y exclamó: «¡Ay!». Para su asombro, oyó una voz en la montaña que repetía: «¡Ay! ¡Ay!! ¡Ay!». Curiosa, preguntó: «¿Quién eres?».

Y la voz de la montaña respondió: «¿Quién eres?».

Molesta por esta respuesta (a la niña no le gustaba que la gente repitiera como un loro todo lo que ella decía, tenía carácter), gritó: «¡No eres más que un cobarde!». Y la voz de la montaña gritó: «¡Cobarde, cobarde, cobarde!». Incrédula, la niña buscó a su madre con la mirada: «Mamá, ¿tú sabes qué está pasando?».

La madre respondió con una sonrisa: «Mi niña, escucha ahora con atención». Y gritó muy fuerte hacia la montaña: «Creo que eres una persona increíble». La voz de la montaña repitió tres veces: «Creo que eres una persona increíble». Y volvió a gritar: «Eres la niña más guapa e inteligente del mundo».

La voz repitió tres veces: «Eres la niña más guapa e inteligente del mundo».

«Te quiero, te adoro». La voz repitió tres veces: «Te quiero, te adoro».

La niña seguía sin entender lo que pasaba, pero eso sí, las palabras de su madre la hacían sentir la más afortunada y su corazón latía repleto de felicidad. Entonces, su madre le explicó lo siguiente:

«Esto que ha pasado se llama eco. En algunos lugares, cuando hablas, tu voz rebota y vuelve a ti, como si se multiplicara. Pues en la vida ocurre lo mismo: todo lo que haces o dices tiene eco. Si eres feliz y compartes tu felicidad y tu alegría, estos sentimientos se transmitirán a los demás y acabarán volviendo a ti. Si quieres más felicidad en el mundo, empieza por llenar tu corazón de felicidad. Tu alegría se contagiará entre la gente que te rodea y volverá a ti como el eco».

*   *   *

Un día, una mujer que salía de su casa descubrió a tres ancianos parados en su felpudo. Los tres tenían largas barbas blancas y parecían más viejos que Matusalén. Como no los conocía, se dirigió a ellos y les dijo: «Señores, creo que no los conozco, ¿qué hacen ahí parados sobre mi felpudo?». Los tres ancianos respondieron al unísono: «Estamos hambrientos. ¿Nos podría dar algo de comer?». La mujer los miró sorprendida y luego respondió con su voz suave pero enérgica: «Por supuesto que sí». La mujer era generosa y los tres ancianos habían despertado su curiosidad. «Por favor, pasen y tomen asiento».
Al oír estas palabras, los tres ancianos se pusieron tensos y aclararon:
—Lo que pasa es que nosotros no entramos nunca los tres juntos en una casa.
—¿Pero por qué? —preguntó atónita la mujer.
Estos tres abuelitos eran realmente muy extraños.
Uno de los ancianos le explicó lo siguiente:
—Mi amigo se llama Riqueza, este es Éxito y yo soy Amor. Tienes que decidir a cuál de los tres vas a dejar entrar en tu casa primero.
La mujer se quedó perpleja. Pidió consejo a su marido, que se había quedado dentro. Ella le explicó la situación y quiso saber qué pensaba.
—¡Qué suerte hemos tenido! —exclamó—. La riqueza, el éxito y el amor llaman a nuestra puerta al mismo tiempo. Date prisa y trae a Riqueza antes de que cambie de opinión.
Su mujer escuchó y luego se lo pensó.
—Pero cariño, no sería mejor invitar antes a Éxito? —preguntó.
Su hija, que estaba en una habitación contigua, escuchó su conversación y quiso también expresar su opinión.

—No convendría más invitar primero a Amor? Así, nuestra casa estaría rebosante de amor y todos seríamos felices.

Los padres confiaron en su hija, pues era una niña muy inteligente. La mujer volvió a la entrada e invitó a Amor a pasar.

—Amor, ya hemos decidido que será usted nuestro invitado.

Amor entró en la casa. Los otros dos ancianos le siguieron y también entraron, ante la sorpresa de la mujer. Se dirigió a Riqueza y Éxito y les preguntó: «He invitado solo a Amor. ¿Por qué entran ustedes de todas formas? Me pareció entender que nunca entraban los tres juntos en la misma casa».

Los dos ancianos le respondieron al unísono: «Si hubiera invitado a Riqueza o Éxito, los otros dos se habrían quedado fuera. Pero al ser Amor el elegido, nosotros vamos con él, así hacemos siempre. Ya sabe señora: donde hay amor, hay también riqueza y éxito».

*   *   *

Doscientas personas participaban en un seminario. En un momento dado, el conferenciante dejó de hablar y entregó un globo a cada persona, y les invitó a escribir su nombre en él con un rotulador grande. Luego, se recogieron los globos y los llevaron a la habitación de al lado. El conferenciante pidió entonces a los participantes a que, de uno en uno, entrasen en la habitación para encontrar su globo (ese en el que habían escrito su nombre) en menos de cinco minutos. Todos entraron corriendo en esa habitación y se pusieron a buscar su globo. Se empujaban, se chocaban unos con otros y corrían de acá para allá en un tremendo jaleo y bajo un ruido ensordecedor. Cuando se acabó el tiempo, nadie había sido capaz de encontrar su globo.

Dijo entonces el conferenciante: «Propongo ahora que cada participante coja un globo al azar y se lo entregue a la persona cuyo nombre venga escrito en él». En pocos minutos, todo el mundo había recuperado su globo. Dijo entonces el conferenciante: «El ejercicio que acaban de realizar refleja lo que ocurre en la vida real. Todo el mundo busca la felicidad sin saber dónde está, pero es que nuestra felicidad reside en la felicidad de los que tenemos alrededor. Si ayudáis a las personas que tenéis cerca a encontrar la felicidad, también la acabaréis encontrando. Tenéis que pensar tanto en los intereses de los demás como en los vuestros propios, y así se generará una hermosa armonía en vuestras relaciones con los demás».

*   *   *

Si tienes la suerte de ser feliz, comparte tu alegría y felicidad con la gente que conozcas. Sonríe y ríe y haz que los demás sonrían y rían también. Comparte, no seas tacaño. A algunas personas les molestará que seas feliz cuando ellas son infelices. No dejes que su reacción te impresione: sé un ejemplo, porque igual que un cubito de hielo acaba derritiéndose al sol, su cara acabará iluminándose con una sonrisa. Tu alegría superará su dolor.

*   *   *

«La felicidad solo es real cuando se comparte».

Jon Krakauer, *Hacia rutas salvajes*

*   *   *

Si eres feliz mientras lees esto, tienes que hacer todo lo que puedas para que ese estado de ánimo dure para siempre. Puede que esa felicidad se deba a las circunstancias: tal vez estamos en verano. El calor y la luz del sol nos llenan de alegría, y es estupendo poder disfrutar del milagro del estío. Aprovecha esta oportunidad para comprometerte contigo mismo a seguir siendo feliz incluso cuando las circunstancias hayan cambiado, incluso cuando el cielo esté gris, cuando llueva y haga viento y mucho frío. ¡Ese es tu reto!

*   *   *

Ser feliz cada día no es tan sencillo como parece. A la mayoría de las personas que sufren o tienen problemas sin solución les molesta la gente feliz. La alegría, la sonrisa y la risa les irritan. El «hombre feliz» simboliza la injusticia de la que se sienten víctimas. Hay que mostrarse compasivo con estas personas y acoger sus críticas y sus comentarios, a veces duros, sin apartarnos de nuestra doctrina: vivir felices pase lo que pase.

*　　*　　*

Paradójicamente, las personas felices se enfrentan a más problemas y dificultades que el resto de la gente. No se les perdona nada. Si sonríes y pareces feliz, te considerarán fuerte, y si eres fuerte te pondrán a prueba. Esto ocurrirá sobre todo en tu trabajo, pero también entre tus amistades y en tu vida familiar. En general, a las personas felices se les exige mucho más que a las infelices. El sufrimiento y la infelicidad son, por el contrario, excelentes excusas para dejarte en paz.

*　　*　　*

Voiles sur les filles
Barques sur le Nil
Je suis dans ta vie
Je suis dans tes bras
Alexandra Alexandrie
Alexandrie où l'amour danse avec la nuit
J'ai plus d'appétit
Qu'un Barracuda
Je boirai tout le Nil si tu n'me retiens pas
Je boirai tout le Nil si tu n'me retiens pas

Alexandrie
Alexandra
Alexandrie où l'amour danse au fond des draps

Ce soir j'ai de la fièvre et toi tu meurs de froid
Les sirènes du port d'Alexandrie
Chantent encore la même mélodie wowo
La lumière du phare d'Alexandrie

(Velos sobre las chicas, barcos en el Nilo
Estoy en tu vida, estoy en tus brazos
Alexandra, Alejandría
Alejandría donde el amor baila con la noche
Tengo más apetito que una barracuda
Beberé todo el Nilo si no vuelves a mí
Beberé todo el Nilo si no me detienes
Alejandría, Alexandra

Alejandría donde el amor baila en el fondo de los brazos
Esta noche tengo fiebre y tú te mueres de frío
Las sirenas del puerto de Alejandría
Siguen cantando la misma melodía)

Alexandrie, Alexandra
Claude François, 1972

*   *   *

Por eso no es fácil tomar la decisión de ser feliz. Porque ser infeliz tiene muchas ventajas. Claro que se sufre, pero también hay muchos beneficios. La gente escucha a los infelices y se compadece de ellos. Se les trata con comprensión e indulgencia. Incluso se les permiten cosas que a los demás no: mostrarse como alguien odioso o desagradable, rebosar de ira y decir cosas irritantes. Ser feliz es mucho más difícil.

*   *   *

«Vivir es despertarse en la noche con la impaciencia del día por venir, asombrarse de que el milagro cotidiano se reproduzca para nosotros una vez más, es tener insomnio de alegría».

Paul-Emile Victor

*   *   *

La gente que es feliz vive cada día con la alegría como objetivo. La felicidad es para ellos un fin, un punto de apego al que su alma está sujeta. Se aferran a la alegría como un mejillón a su roca. Las tormentas van y vienen. El viento sopla. El sol quema. Y ahí siguen ellos. Y aferrados a la alegría, convierten todo lo que les ocurre en oportunidades, en excusas para seguir mejorando su día a día. La felicidad atrae más felicidad y suerte.

*   *   *

La felicidad se compone de energía,
perseverancia y fe:
si quieres atraerla hacia ti,
sin cansarte, trabaja y reza.

«Ayúdate y el cielo te ayudará»
Aquel que recela demasiado del destino
menos que otro se aferrará.

Henri-Frédéric Amiel

*   *   *

Felices los que, como Ulises, han completado un viaje fascinante, jalonado de muchas pruebas, separaciones, traiciones y miserias, pero también de encuentros y hermosas historias de amor y amistad. Así es la vida, un espléndido viaje que hay que disfrutar en cada etapa. Es el único que hacemos, como si al pintor se le diera un único lienzo donde plasmar su arte. Seguro que usaría todos sus colores y acabaría siendo el cuadro más hermoso. Sal, viaja, disfruta del viento y del mar en calma, hoy hace buen tiempo. Estaré detrás de ti.

*   *   *

Te deseo que seas feliz todos los días de tu vida. Aunque, seamos honestos, a veces tendrás que plantar cara a acontecimientos difíciles. Así que en tu mano está optar por el camino de la felicidad pase lo que pase. Si consigues mantenerte feliz ante cualquier situación, podrás superar todas las pruebas que se te presenten en la vida, sin quejarte ni desesperarte. Seguirás adelante con la cabeza alta, orgulloso y sereno. Te convertirás en un ejemplo a seguir y alegrarás la vida de todos los que conozcas.

Sufrir el rechazo de la gente amada

HACE POCO, EN ESTE LUGAR DONDE SOLÍAMOS ENCONTRARNOS, ME CONFESASTE QUE HABÍAS SIDO RECHAZADO POR GENTE A LA QUE QUERÍAS...

ESTO ES LO QUE ME HUBIERA GUSTADO DECIRTE... SI HUBIERA PODIDO DEMOSTRARTE TU VERDADERO VALOR...

...PROBABLEMENTE HABRÍA EMPEZADO CONTÁNDOTE ESTA HISTORIA DE UNA CABRA.

En un remoto lugar había una aldea en la que los hombres y las mujeres solían cometer pecados y comportarse de forma inmoral. Los problemas eran, por tanto, frecuentes. Cada día había conflictos entre los habitantes del pueblo y empezaba a acumularse el resentimiento entre ellos. Se habían traicionado y engañado, había quien había robado, otro había hecho daño a alguien... por nombrar algunos casos.

El jefe de la aldea, temiendo que estos conflictos generaran una situación insostenible de violencia, fue a ver a un sabio que vivía en las montañas para pedirle consejo. El sabio le respondió: «Vete a tus cuadras y elige al chivo más feo y apestoso que tengas. Luego, pide a cada aldeano que escriba en una corteza todo los reproches que guarde hacia sus vecinos. Cuelga entonces la corteza alrededor del cuello del chivo y golpéalo con un palo mientras recorre el pueblo.

Cuando lo haya cruzado y esté molido a palos, asústale tanto que salga huyendo hacia el desierto a la hora del día que más calor haga. Asegúrate de que todos los aldeanos te vean hacerlo y de que comprendan que el fin del chivo será morir en el desierto, sediento y abrasado por el sol. De este modo, todos los pecados de los aldeanos serán perdonados y olvidados. Así podrá volver la normalidad a la aldea». El jefe hizo caso y organizó esta ceremonia a su regreso. El chivo fue efectivamente espantado y acabó muriendo, y la paz reinó de nuevo en la aldea.

Así es como nació el rito del chivo expiatorio.

*   *   *

La psicología humana se basa en el rechazo de la diferencia: es raro que el diferente despierte la curiosidad; es más habitual lo contrario. Tanto si la diferencia es física (como el color de la piel), social (como la religión) o psicológica (como una opinión), la diferencia siempre provoca resentimiento, es decir, ira. Esta ira se manifiesta por medio de burlas e intimidación, a la que puede seguir violencia física en un proceso que podría desembocar incluso en asesinato. Así es como los grupos protegen sus tradiciones.

¿Y por qué provoca ira la diferencia?

Pues porque un comportamiento diferente puede percibirse como una crítica. No es necesariamente esa su intención, pero es así como lo ven los demás. Podría considerarse que cuestiona o incluso desafía los valores, el comportamiento o las creencias del grupo. Este cuestionamiento genera confusión y, en última instancia, incertidumbre y la consecuente ansiedad. Una persona diferente es ansiogénica. Para reducir esta ansiedad, se hace todo lo posible para que pase por el aro. Y si se niega, pues la atacamos.

*   *   *

«Las verdades diferentes en apariencia son como las innumerables hojas que parecen diferentes y están en un mismo árbol».

Gandhi

*   *   *

Si te rechazan, es porque te has vuelto diferente. Ya no eres como los demás miembros de tu familia, tus amigos, tus compañeros, etc. Y esta diferencia alimenta el resentimiento hacia ti.

- ¿Quizá te ha ido mejor que a otros?
- ¿Has tomado distintas elecciones de vida?
- ¿Has roto los moldes en tu manera de vestirte o peinarte?
- ¿Tal vez has conseguido reafirmarte en estas elecciones?

Todo esto te convierte en un problema. Se te percibe como una crítica y por eso provocas violencia, desprecio y rechazo.

No siempre te lo expresarán con claridad. Quiero decir que no escucharás «no me gustas o me irritas porque tu forma de ser y de pensar es diferente a la mía». Es más insidioso, pero lo sientes por la forma en que te miran, la forma en que te hablan, la forma en que reaccionan a tu presencia, los olores que desprenden cuando estás cerca... También están las pequeñas bromas y comentarios, aparentemente inofensivos, pero que te hacen daño. Porque tu corazón sabe lo que pasa, no se deja engañar. Tu corazón lo ve todo.

*   *   *

«El humor es en ocasiones una forma de violencia disfrazada».

Anónimo

*   *   *

Ay, si supieras cuánto siento ese desgarro de tu corazón cuando ves alejarse a los que quieres. Sí, has elegido vivir tu vida, pero ¿significa eso que mereces que se te juzgue y que se te niegue la amistad y el afecto de un padre, una madre, un hermano o una hermana, un primo o un amigo? El amor es el deseo feroz de ver a alguien crecer y ser feliz. Y te están ofreciendo lo contrario. Quieren que no seas tú. Se te está invitando a que te salgas de tu camino para seguir uno que no has elegido.

*   *   *

¿Qué puedes hacer? ¿Tienes que renunciar a ser tú mismo? ¿Tienes que convertirte en lo que se espera de ti para recibir a cambio algo de afecto? ¿O tienes que reafirmarte en la diferencia y vivir tu vida? Voy a decirte algo que es difícil, pero que refleja la realidad. Si te rechazan, solo tienes dos opciones: adaptarte a las expectativas de quienes te rodean y «encajar en el molde» para favorecer la aceptación, o «cultivar tu diferencia», en cuyo caso tienes que plantearte conocer a gente nueva que te quiera por lo que eres.

*   *   *

«Por lo que conozco de la historia, veo que la humanidad no puede prescindir de los chivos expiatorios, y creo que siempre han sido una institución indispensable».

Arthur Koestler

*   *   *

Cuando te rechacen aquellos a los que quieres, empieza por cuidarte, por darte mimos, por consentirte; a fin de cuentas, estás herido. Acepta este rechazo como aceptas la lluvia o el sol. Podrás entonces tener compasión de quienes te rechazan, porque la mayoría de ellos viven en la ignorancia. No son conscientes de lo que hacen, de lo que dicen, de lo que provoca en ellos este sentimiento. Probablemente ni siquiera son conscientes de que te hacen daño. Creen que sus críticas no te afectan.

*   *   *

Había acudido el gran Buda a una aldea para expresarse y todos los hombres, mujeres y niños se habían reunido para escucharle. Pero pronto llegó un hombre muy violento a quien exasperaban las palabras de Buda. Perdió el control y empezó a insultar al gran Buda, antes de marcharse rojo de ira. Según caminaba por una senda que lo alejaba de la aldea, el hombre sintió que se la rabia se iba atenuando y poco a poco le invadió un profundo sentimiento de vergüenza. ¿Cómo había podido comportarse así en público?

Decidió volver sobre sus pasos y pedir perdón a Buda. Este seguía hablando, así que esperó al final de su discurso para postrarse ante sus pies y pedirle perdón. Buda, lleno de compasión, le pidió que se levantara, explicándole que no había nada que perdonar. Sorprendido, el hombre le recordó los insultos que le había proferido públicamente. No podía haber olvidado las palabras que había pronunciado preso de la ira.

—¿Qué haces si alguien te da sin motivo algo que no te sirve para nada, o que no quieres? —preguntó Buda.
—Pues simplemente no lo cojo —respondió el hombre.
—¿Qué ocurre entonces con la persona que intentó dártelo? —preguntó Buda.
—Pues que se queda con su objeto —respondió el hombre.
—Es probablemente por ese motivo que sufres por los insultos que has proferido. En cuanto a mí, ten por seguro que tus palabras no me han doblegado. Esa violencia que querías difundir, nadie estaba dispuesto a aceptarla.

*   *   *

No puedes decidir lo que la gente piensa de ti, no puedes controlar sus afectos, así que tienes que dejarles libertad en lo que piensan y hacen. Si lo que haces les gusta o despierta su interés o su admiración, sé feliz. Si lo que haces no les gusta o despierta su indiferencia o desprecio, sé feliz también. Disfruta haciendo lo que te gusta y siendo tú mismo. Recuerda la historia del burro, el granjero y su hijo. Siempre habrá alguien en este mundo dispuesto a criticarte.

*   *   *

«Habiendo meditado sobre la gentileza y la compasión, he olvidado la diferencia entre yo y los demás».

Milarepa

*   *   *

La vida se basa en los cambios. Tienes que aprender a apartarte de la gente que no te aprecia. Simplemente aléjate de ellos, igual que te pones a la sombra de un árbol en un día caluroso. Si una persona no te hace ningún bien, tienes que alejarte de ella. De lo contrario, igual que al imprudente que permanece demasiado tiempo al sol se le acaba abrasando la piel, te quemarás con sentimientos de desesperación y angustia. Rodéate de personas que te acepten y te quieran tal y como eres.

*   *   *

«La mente humana trata una idea nueva del mismo modo que su cuerpo trataría una proteína extraña: la rechaza».

Peter Medawar

*   *   *

Por tu parte, ten cuidado de no rechazar a nadie. Todos los hombres y todas las mujeres tienen dificultades para comprender ciertas diferencias. Incluso el más tolerante de los hombres y la más tolerante de las mujeres se comportan a veces de forma intolerante. Aprende a mantener la humildad y hacer gala de la prudencia y el discernimiento en tus opiniones y en tu comportamiento. De este modo, te cuidarás de no rechazar nunca a nadie ni de infligir a los demás el daño que tú has sufrido. Sé tolerante y acoge la diferencia como una oportunidad.

*　　*　　*

«Un hombre honesto es un hombre mezclado».

Montaigne

Nunca subestimes la dificultad. Cualquiera que haya convivido con extranjeros durante mucho tiempo sabe lo difícil que es ser un hombre mezclado, de muchas culturas. Si eres consciente del esfuerzo que cuesta acercarse a los demás, descubrirlos e intentar tender puentes con ellos, entonces estarás mucho más dispuesto a hacerlo. Podrás convertirte así en un intermediario, alguien capaz de unir a personas diferentes. De este modo, ayudarás a crear y mantener la paz en el mundo. Porque la incomprensión suele estar en la raíz de los conflictos.

*　　*　　*

«Sé el cambio que quieres ver en el mundo».

Gandhi

*　　*　　*

Es posible que te hayan rechazado en tu infancia. Recuerdo haber leído hace unos años la historia de Pelo de Zanahoria, un niño al que su familia detestaba porque era pelirrojo, algo contra lo que él no podía hacer nada. Sufrir rechazo de niño es una de las cosas más terribles que le pueden ocurrir a un ser humano. Porque un niño no puede defenderse del rechazo. No tiene la capacidad de buscar a personas capaces de aceptarle tal como es y de amarle plenamente.

Si te rechazaron, es posible que siga habiendo una herida profunda en lo más profundo de tu corazón. Si esta herida aún no ha sanado, se te abrirá cada vez que te sientas apartado. ¿Es eso lo que te pasa? Pues hay que currar esa herida. Pero, ¿qué puedes hacer? ¿Qué puedes hacer para llenar el enorme agujero en el que caes en cuanto los demás te dan de lado o te critican? ¿Qué podemos utilizar para llenar lo que es tan negro y profundo como un pozo sin fondo?

Hay una energía capaz de hacer este milagro. Esta energía se llama Amor. No se trata del Amor de los demás, no. No puedes esperar tal milagro de otras personas. Se trata del Amor que emana de tu ser interior. El problema al que se enfrentan las personas que sufrieron rechazo de niños no es que no se les quisiera lo suficiente. Su problema es que nadie les ha enseñado a amar, y mucho menos a amarse a sí mismos. No saben cómo usar el Amor.

Si quieres, puedo intentar enseñarte a amarte. Cierra los ojos. Empieza por sentir tu cuerpo. Siente cada parte de él, por dentro y por fuera. Piensa que eres el padre de tu niño interior, un padre cariñoso y atento que te da todos los cuidados que necesitas. Cuida tu cuerpo. Cuida tu mente. Protege. Cura. Alimenta. Calienta. Acaricia. Ama. Practica hasta que sientas la vibración del Amor, la vibración que insufla vida a tu ser.

*   *   *

«Cuando aprendí a quererme de verdad, comencé a librarme de todo lo que no fuese saludable para mí: personas, cosas, situaciones... Y de cualquier cosa que me empujara hacia abajo o lejos de mí mismo. Al principio mi razón llamó esa actitud egoísmo, pero hoy sé que se llama amor propio».

Charlie Chaplin

*   *   *

Si un día te rechazan tus seres queridos, o te sientes triste a causa de recuerdos dolorosos, quiero que sepas que puedes venir a verme. He decidido quererte pase lo que pase y te conviertas en lo que te conviertas. Soy tu amigo y seguiré siéndolo porque he tomado esta decisión y me comprometo a ello. Si un día tú también rechazas a la gente, me tomaré la libertad de decírtelo. Espero que escuches mi llamada y vuelvas a abrir tu corazón, porque nadie en este mundo merece el rechazo de los demás.

Ir demasiado rápido

CUANDO TE VI, NO TENÍAS TIEMPO, TENÍAS PRISA, TENÍAS TANTAS COSAS IMPORTANTES QUE HACER...

ESTO ES LO QUE ME HUBIERA GUSTADO DECIRTE... SI HUBIÉRAMOS TENIDO MÁS TIEMPO PARA HABLAR DE UNA MANERA PROFUNDA Y SINCERA...

...PROBABLEMENTE HABRÍA EMPEZADO CONTÁNDOTE ESTA HISTORIA.

Érase una vez un niño cuyo padre era un temido monarca. Muy ocupado con sus obligaciones, el rey había confiado la educación de su hijo a un tutor. Sucedió que el tutor era muy estricto y a menudo castigaba al joven príncipe. Cuando caía la noche, la instrucción terminaba y el niño volvía a su habitación, a menudo con aspecto triste y desesperado. Así transcurría su vida el día en que comienza nuestra historia. El niño-príncipe se desplomó en su cama y, sollozando, se dijo a sí mismo: «Qué cruel es la vida de un niño. Nos pasamos el día estudiando todas estas cosas aburridas y encima tenemos que aguantar el mal humor de nuestros maestros. ¿Por qué demonios pasa el tiempo tan despacio? Qué feliz sería si pudiera crecer con solo mover una varita mágica».

Cuando despertó, se sorprendió al encontrar a su lado un reluciente carrete de seda. Lo contempló durante largos minutos, sin saber qué pensar, y justo cuando se decidió a tomarlo en la mano, una voz cavernosa salió del carrete y se dirigió a él con estas palabras:

«Ten cuidado, muchacho, y escucha atentamente mis palabras: en apariencia soy un carrete, pero en realidad soy mucho más que eso; mi hilo de seda representa todos los días de tu vida, minuto tras minuto, mi hilo se desenrolla sin pausa. El carrete tiene un final, igual que tu vida, que también terminará algún día. Anoche deseabas acelerar el curso de tu vida: yo te doy el poder de hacerlo. Desenrolla mi hilo de seda y el tiempo se acelerará y tus días se esfumarán. Pero no olvides, príncipe mío, que mi hilo está en perpetuo movimiento, por lo que no podrás detener el tiempo, y mucho menos hacerlo retroceder».

Atónito por lo que acababa de oír, el príncipe contempló el carrete, fascinado y pensativo. La tentación de tocarlo para comprobar el presagio era grande. Algo preocupado, y como para atenuar el efecto de su impulso, declaró en tono solemne: «Voy a sacar el hilo unos centímetros para que pase este día».

Y tiró del hilo... y tal como había predicho el carrete, su día pasó ante él como un relámpago y se encontró de nuevo en la cama a la noche siguiente a la misma hora.

Pero el chico seguía sin estar satisfecho con su destino; en el fondo pensaba:

«Pues aquí sigo, no me importa que haya pasado un día. Después de todo, sigo siendo un niño, obligado a obedecer a mi maestro». Y tomando el carrete en sus manos decretó:

«¡Quiero crecer, quiero convertirme en un hombre adulto que no tenga que rendir cuentas a nadie!»

Nada más empezar a desenrollar el hilo, se transformó y casi al instante se había convertido en un hombre. Una barba adornaba su rostro y estaba cómodamente sentado en un trono: ahora era el monarca. Ministros y cortesanos bullían a su alrededor, manteniéndole al corriente de los asuntos de Estado. El príncipe, ahora rey, se alegró mucho al principio, pero cuando preguntó por sus padres, le dijeron que habían muerto.

El rey empezó a llorar a mares al darse cuenta de que no volvería a verlos. Para consolarlo, los cortesanos le animaron a que buscara esposa, y le pareció bien. Así, enviaron un embajador a pedir al monarca del reino vecino la mano de su hija, que tenía fama de ser muy hermosa.

Pero el embajador tardaba en regresar y el rey empezaba a perder la paciencia. Como ya no podía seguir esperando, corrió a buscar el carrete mágico y le ordenó: «Desenrolla el hilo de mis días, el hilo de mi vida». Y de inmediato la tan esperada reina estuvo a su lado. Pero no le pareció suficiente, como el rey quería hijos, una vez más recurrió al carrete, que cumplió su deseo.

Esta vez, le exasperó el intenso llanto del recién nacido y, con el rostro enrojecido por la ira, el monarca gritó: «¡Qué sentido tiene un niño que llora y come todo el día como un animalito! ¡Quiero poder hablar con mi hijo y enseñarle el arte de la guerra!».

Se apresuró a desenrollar un poco más el preciado carrete y siguió abusando de su poder desenrollando el hilo al ritmo de sus deseos insatisfechos... hasta que un día se descubrió a sí mismo como un anciano. Tullido y postrado en cama, el rey intentaba ralentizar el tiempo invocando sus recuerdos y rememorando las sucesivas etapas de su vida. Pero tuvo que rendirse ante la evidencia: el tiempo seguía carcomiendo su vida, sin tregua ni descanso.

Así, con un gesto teñido de desesperación, agarró el carrete y, como si susurrara un secreto a alguien, dijo en voz baja: «Ahora que mi vida toca a su fin, me inclino ante ti, mi preciado carrete, y te ruego que me concedas un indulto y suspendas el tiempo».

La bobina había cambiado su voz cavernosa por un timbre cálido y melodioso, y respondió: «No puedo conmoverme con tu súplica, desdichado príncipe: es inadmisible. Has quemado tu vida, tu pereza e impaciencia han podido contigo. ¿Nunca te has esforzado lo más mínimo por conseguir algo?

¿Nunca te has molestado en hacer el bien? Es tu castigo verte tal como eres en este espejo que te tiendo».

El príncipe convertido en rey falleció a la mañana siguiente. En cuanto a su hijo, abdicó del trono y dedicó su vida a la filosofía, que enseñó en la universidad durante toda su vida.

*   *   *

Jeff está casado y tiene tres hijos. Trabaja en un banco a las afueras de París. Una noche entre semana, cuando Jeff volvía a casa, tarde como de costumbre, Leo, su hijo pequeño de seis años, le paró en la puerta:

«Papá, una cosa»

«Dime» —respondió Jeff.

«¿Dónde estabas?» —preguntó el niño.

«¿Tú qué crees?» —respondió Jeff, bastante molesto por la pregunta. Jeff estaba cansado y aún estresado por su día en la oficina.

«Has estado en la oficina —dijo el niño con una amplia sonrisa—. ¿Cuánto has ganado?».

Sorprendido por la pregunta, Jeff se quedó inmóvil y respondió: «¿Pero y esa pregunta? ¿Por qué quieres saberlo?».

El niño, en un tono muy natural, respondió: «Quiero que me lo digas. Por favor, papá».

Jeff se detuvo un momento, levantó la mirada y, cogiendo a Leo en brazos, respondió: «No sabía que fueras tan materialista, pero ya que insistes, gano 25,35 euros brutos la hora, y como supongo que mi hijo el inspector de Hacienda quiere saberlo todo, ¡son 20 euros y pico netos la hora! Ahora que te has quedado tranquilo, ¿puedo ir a ponerme cómodo?». Jeff había recuperado la sonrisa, finalmente le había hecho gracia esta conversación. En cuanto le dio la espalda, Leo gritó: «Papá, papá, ¿me das diez euros?».

De repente, Jeff perdió la compostura y, cansado, replicó en voz alta: «A ver, pequeño. No sé qué te traes entre manos, ¡pero estoy a punto de enfadarme de verdad! ¿Qué clase de preguntas estás haciendo? No te entiendo, Leo. Vete a tu habitación, ya me he cansado». Con cara de pena, Leo obedeció.

Una hora más tarde, Jeff estaba arrepentido; era raro que les levantara la voz a sus hijos, especialmente a Leo, el más pequeño. «Después de todo, ¿qué hay de malo en pedirle diez euros a tu padre? ¡Pobrecito, voy a acabar traumatizándole con mis cambios de humor!».
Sacando los diez euros del bolsillo, Jeff entró a toda prisa en la habitación de Leo y se acercó al niño: «Toma, Leo, los diez euros que me pediste». Sin coger siquiera el dinero que Jeff le ofrecía, Leo se abalanzó sobre su padre, como solía hacer cuando estaba contento.

Curioso, Jeff le preguntó: «Pero dime, ¿qué vas a hacer con todo ese dinero, Leo?».
De repente, Leo se puso más serio: «Papá, tenía diez euros en mi hucha, ahora tengo 20 euros, según me dijiste es lo que te pagan por una hora en tu trabajo. ¿Puedo dártelos para que desayunes conmigo mañana por la mañana?».

Jeff abrazó a Leo y lo apretó contra su pecho, ocultando las lágrimas que brotaban de sus ojos.

*   *   *

Cerca de la costa de Santo Domingo, un pequeño pesquero regresaba a puerto con varios atunes que acababa de capturar Rodrigue, un joven pescador. Un acaudalado inversor europeo que paseaba por el puerto vio el hermoso cargamento y se acercó al barco y a su joven pescador.
—Qué grandes son tus atunes, ¿cuánto tardaste en pescarlos?.
—Unas dos horas —respondió Rodrigue, orgulloso de su captura de ese día. Podría vender su pescado en la subasta y llevarse algo para cenar con sus amigos y su familia esta noche.

—Pero entonces, ¿por qué has regresado a puerto? ¿Podrías haber pescado el doble o el triple de atunes si hubieras trabajado todo el día? —preguntaba sorprendido el rico inversor.

—Esta captura es más que suficiente para mí y mi familia —respondió el joven pescador mientras descargaba su pesca.

El europeo preguntó entonces:

—¿Pero cómo pasas el resto del día?

—Duermo la siesta, juego con mis hijos, visito a los amigos. Por la noche juego a las cartas y canto, bebemos cerveza y tocamos nuestros instrumentos.

El europeo interrumpió al pescador y le dijo:

—Escúchame: yo he estudiado en la Universidad de Cambridge, soy un rico inversor y puedo ayudarte. Lo siguiente que debes hacer es pescar durante más tiempo, quizá dos o tres horas más. Con los beneficios que obtengas, podrías comprar un barco pesquero más grande, comprar algunas redes y contratar a una pequeña tripulación. Con el dinero que ganes, podrías comprar rápidamente un segundo barco y así sucesivamente, hasta tener tu propia flota. Podrías convertirte en todo un empresario, si quisieras. Si eres listo, podrías incluso prescindir de los intermediarios y negociar directamente con la fábrica que te compra el pescado, y un día incluso abrir tu propia fábrica, o incluso comprar, según he oído, buques factoría. Entonces podrías irte de tu pueblo y trasladarte a una gran ciudad e incluso mudarte al extranjero, quizá a Londres o París, desde donde dirigirías todos tus negocios.

El pescador, pensativo, le preguntó entonces:

—Cuánto tiempo tardaría en todo eso?.

—Unos 20 años —respondió el rico inversor.

—Y qué haré después? —preguntó el joven pescador.

—Entonces vendrá lo más interesante. Cuando llegue el momento, sacarás tu empresa a bolsa y ganarás millones vendiendo tus acciones. No las venderás todas, por supuesto, sino que conservarás algunas para tener una renta.

—¿Millones? ¿Una renta? ¿Pero qué voy a hacer con todo ese dinero?.

—Bueno, después podrás jubilarte, disfrutar de la vida, vivir en un pueblecito costero de Santo Domingo, dormir la siesta, jugar con tus hijos, visitar a tus amigos ¡y por las noches beber cerveza y tocar tus instrumentos!.

*   *   *

Y si te tomaras el tiempo de respirar, de ver, de oír, de tocar, si te tomaras el tiempo de parar y dejar que el sol acaricie tu cara y caliente tu cuerpo. Sé que te gusta correr: dinero, poder, fama, competición, proyectos, pasiones, chicas, chicos, etc. Hay tantas razones para correr, para querer ir rápido. Pero cuando vas rápido, a veces te olvidas de disfrutar del momento. Quieres terminar muchos proyectos, pero sin disfrutar por el camino.

*   *   *

Los árboles retienen el sol entre sus ramas.
El crepúsculo llega llorando,
velado, como las mujeres de antaño.
Mis dedos tiemblan sobre la línea de tus caderas.

Hábiles
se demoran bajo el vestido
en la palpitación de tu carne
en los tersos pétalos.
El arte del tacto emula
complejo
curioso
el sopor de los perfumes,
el milagro del sonido.
Sigo lentamente el contorno:
caderas
hombros
cuello

tus hambrientos pechos.
Mi deseo es delicado
se niega a besar.
Queda en blanco al tocarte

—nacarada
voluptuosa—
rendido de placer.

René Vivien, «El tacto», 1903 (traducción libre,
en español, por Gabriela Marrón)

*   *   *

¿Conoces a Epicuro y su filosofía? ¿No desearías a veces convertirte en una hoja mecida por el viento? El momento presente es fugaz, pero abundante en estímulos. Si te tomas el tiempo de escuchar a tus sentidos, verás que un segundo es tan largo como una hora, e igualmente repleto de sensaciones. Presta atención, concéntrate, piensa en lo que está ocurriendo aquí y ahora. Descubre la sensualidad tras la belleza de las cosas, las personas y el mundo. El mundo espiritual entrará en ti.

*   *   *

No pretendas saber, pues no está permitido,
el fin que a mí y a ti, Leucónoe,
nos tienen asignados los dioses,
ni consultes los números Babilónicos.
Mejor será aceptar lo que venga,
ya sean muchos los inviernos que Júpiter
te conceda, o sea éste el último,
el que ahora hace que el mar Tirreno
rompa contra los opuestos cantiles.

No seas loca, filtra tus vinos
y adapta al breve espacio de tu vida
una esperanza larga.
Mientras hablamos, huye el tiempo envidioso.
Vive el día de hoy. Captúralo[5].
No fíes del incierto mañana».

Horacio, traducción de Luis Alberto de Cuenca.

*   *   *

¿Te suena el concepto de la «conciencia plena»? Si quieres, puedo ayudarte a descubrirlo. La conciencia plena es el arte de estar presente en el mundo. Si quieres probarlo, empieza con una comida. Presta atención al olor de cada alimento, su forma y color. Luego, cuando te los lleves a la boca, fíjate en su sabor y en su textura. Analiza las sensaciones que emite tu boca: el paladar, la lengua... Por cierto, ¿sabías que la lengua tiene diferentes zonas para detectar los sabores? Tómate tu tiempo para disfrutar de todas las sensaciones.

Si estás enamorado, contempla con detenimiento a la persona que amas. Deja de hablar y simplemente mírala. Observa su figura, su cara. Escucha el timbre de su voz y siente la vibración que produce todo su cuerpo cuando habla. Disfruta la fragancia que desprende su cuerpo. Recorre su piel con calma, sintiendo su textura, su calor y su humedad. La conciencia plena es un momento especialmente sensual porque se despiertan todos tus sentidos.

Inmerso en este estado, se despertarán en ti sensaciones extraordinarias. Serás incluso capaz de mantener tu interior en silencio. Seguro que a veces te cansa esa vocecita que habita en ti y te recuerda tus obligaciones y problemas. El estado de atención plena nos permite desprendernos de la conciencia, volver a una relación más simple y primitiva con el mundo. Imagina un animal en

---

[5]   Carpe Diem.

el bosque, atento a lo que ocurre. Ese es el estado en el que te sumes cuando alcanzas la atención plena.

Podrías incluso experimentar, con suerte, una sensación de conexión total con el mundo. En lugar de sentirte como una entidad independiente, tendrás una sensación de vinculación plena, de que formáis parte de un mismo conjunto, de que pertenecéis, por así decirlo, a la misma familia. Freud llama a esta sensación el «sentimiento oceánico». Es lo mismo que sientes cuando nadas desnudo en el océano o cuando acabas de hacer el amor. En ese momento, existe una conexión total con tus sentidos.

*   *   *

«¿He aprovechado bien mi tiempo?».

Tito

*   *   *

A medida que nos hacemos mayores, somos más conscientes de la importancia del tiempo. A los veinte años, podemos dedicar nuestro tiempo a cualquier cosa. Vivimos en la ilusión de que el tiempo es un recurso infinito, tan lejano parece el final... tanto que nos permitimos creer que viviremos eternamente. Pero después... nos damos cuenta de que una hora, un día, una semana es una eternidad. Ya no queremos malgastar estos preciosos segundos en trivialidades que no contribuyen a nuestra felicidad ni a la de las personas que queremos.

La vejez nos enseña a elegir los libros que leemos, las personas que conocemos, los lugares que visitamos, etc. Nos invita a dejar de perder el tiempo en esfuerzos inútiles, en fingimientos, en vanas dilaciones... Todo merece ser elegido con cuidado y precaución... Si eres consciente de que tu vida es limitada y de que el tiempo pasa deprisa, solo harás las cosas que son realmente importantes para ti y no perderás el tiempo sufriendo o preocupándote.

*   *   *

- Para saber el valor de un año, pregúntale al estudiante que suspendió un examen importante.
- Para saber el valor de un mes, pregúntale a la madre que dio a luz demasiado pronto.
- Para saber el valor de una semana, pregúntale al director de una publicación semanal.
- Para saber el valor de una hora, pregúntales a los amantes que esperan para volver a verse.
- Para saber el valor de un minuto, pregúntale a la persona que perdió un tren.
- Para saber el valor de un segundo, pregúntale a la persona que perdió a un ser querido en un accidente.
- Para saber el valor de un milisegundo, pregúntale a la persona que ganó una medalla de plata en los Juegos Olímpicos.

El tiempo no espera a nadie. Recoge todos los momentos que te quedan y disfrútalos como merecen. Compártelos con las personas adecuadas y esos momentos serán aún más preciosos.

Criticar a las personas cercanas

CUANDO TE VI, DEDICAMOS MUCHO TIEMPO A CRITICAR A CIERTAS PERSONAS QUE CONOCEMOS...

HE ESTADO PENSANDO EN ELLO Y ESTO ES LO QUE ME GUSTARÍA DECIRTE... AHORA QUE ME HE DADO CUENTA DE QUE ESTÁBAMOS EQUIVOCADOS...

...PROBABLEMENTE HABRÍA EMPEZADO CONTÁNDOTE ESTA HISTORIA DE UNOS VECINOS.

Una mujer acababa de jubilarse. Ahora que tenía toda la mañana libre, dedicaba las horas a mirar por la ventana. Siempre le había gustado contemplar la vida desde ahí, pero sus obligaciones laborales se lo impedían habitualmente. Un día, se entretuvo en observar a su vecina de enfrente, una joven estudiante, mientras tendía la colada en el balcón. «Fíjate —le dijo a su marido—. Tiene la ropa sucísima. Seguro que no sabe cómo se lava la ropa... quizá necesite que la enseñe».

En los días siguientes, cada vez que la vecina tendía la colada, la mujer hacía el mismo comentario. Su marido, silencioso por naturaleza, la escuchaba sin pronunciar palabra... Quince días después, la mujer se llevó una gran sorpresa al ver de repente la colada de su vecina de un blanco esplendoroso. «Mira —le dijo a su marido—, la vecina por fin ha aprendido a lavar la ropa. ¿Quién le habrá enseñado? Me la crucé el otro día por la calle, pero la verdad es que no me atreví a decírselo. Al fin y al cabo, no es asunto nuestro».

Su marido levantó la vista del periódico y contestó: «¡Nadie! Simplemente, me he tomado la molestia de limpiar los cristales... ¡Estaban sucísimos!».

*　　　*　　　*

En la antigua Grecia, Sócrates recibía todos los días a discípulos y a otros filósofos para ofrecerles su sabiduría. Un día, uno de sus colegas se le acercó y le dijo:

—¿Quieres conocer algo que he sabido de uno de tus discípulos?

—No, no quiero —respondió Sócrates—. Al menos, antes de que me cuentes este secreto, me gustaría que pusieras a prueba lo que vas a decir.

—¿Una prueba? —preguntó su compañero filósofo.

—Sí, una prueba. Se llama la prueba de los tres tamices.

—De acuerdo —dijo su colega filósofo, ansioso por revelar el secreto.

—El primer tamiz es el de la verdad. ¿Estás realmente seguro de que lo que me cuentas es cierto? ¿Te has tomado la molestia de comprobarlo?

—No, admito que solo he oído hablar de ello... Uno de mis amigos me lo contó.

—De acuerdo —añadió Sócrates—, así que no estás seguro de que esta información sea cierta.

Ahora vas a utilizar un segundo tamiz, el de la bondad.

¿Lo que quieres decirme sobre mi discípulo es algo bueno sobre él?.

—¡No, al contrario, no le honra!

—Así que me vas a contar una historia sobre uno de mis discípulos que le va a causar daño sin estar seguro de que sea cierta.

Ahora vas a utilizar el tercer tamiz, el de la utilidad.

¿Va a ser útil lo que me quieres contar?

—Tampoco podría decir eso —añadió el colega filósofo.

—Si esta información no es cierta, útil ni buena para este hombre, ¿por qué insistes en contármela?

*　　　*　　　*

Los cotilleos son crujientes como las patatas fritas, tan deliciosos de oír como de contar. Pero al igual que las patatas fritas, que son alimentos muy grasos y salados que perjudican nuestra salud, los cotilleos y rumores suelen hacer mucho daño a las personas. Y ese daño es innecesario. Si sientes compasión por los demás y quieres hacerles bien sincero, conviene no difundir rumores ni cotilleos sobre ellos. La próxima vez que un amigo te cuente una historia, haz la prueba de los tres tamices.

*   *   *

Me he dado cuenta de que, en ocasiones, resulta difícil no criticar, juzgar o difundir rumores. He observado que esto ocurre cuando no tenemos nada más que decir. Entonces hablamos de los demás. Creo que, en cierto modo, lo hacemos por acercarnos. Al criticar a los demás, estrechamos nuestros lazos. De este modo, tenemos la sensación de ser iguales, de estar del lado correcto: en el bando de los que comparten los mismos valores y las mismas formas de ver las cosas... Aunque esto se hace en detrimento de los demás.

*   *   *

«La crítica es el impuesto que la envidia cobra al mérito».

Duque de Lévis

*   *   *

Tengo que admitir que si critico a los demás es porque estoy celoso. Si me entero de que uno de mis amigos ha tenido éxito en tal o cual campo, que ha hecho un viaje que yo no he podido hacer, que ha ganado una gran suma de dinero... me gustaría alegrarme por él, pero curiosamente, en lugar de alegrarme, siento celos. Siento que en mi vida no pasa nada interesante, que no tengo tantas oportunidades ni posibilidades... Y eso me genera una sensación negativa hacia esa persona.

*   *   *

«El placer de la crítica nos hurta el de quedar vivamente conmovidos por cosas bellísimas».

Jean de La Bruyère

*   *   *

Creo que el mayor baluarte contra la crítica, el juicio y la envidia es triunfar en la vida. Si defines bien tus objetivos, pasas a la acción y consigues lo que quieres siguiendo el dictado de lo más profundo de tu corazón, dejarás de sentir celos o envidia. El único camino para ser bueno con los demás es hacer realidad tus sueños en la vida. Me he propuesto no volver a juzgar negativamente a los demás. ¡Es difícil! Pero he tomado esta decisión y espero de todo corazón que tú puedas seguir mis pasos.

*   *   *

«La crítica es la fuerza del impotente».

Alphonse de Lamartine

*   *   *

Cuando criticamos, estamos ejerciendo un poder. Vemos algo y decimos «no es bonito, no es bueno, qué horror, es poco profesional...». Pero al hacerlo, olvidamos que este juicio es solo el resultado de nuestros pensamientos y no de la realidad o de la verdad. Es solo una percepción, que es relativa. No debemos perderlo nunca de vista, porque, de lo contrario, corremos el riesgo de herir a quienes actúan y tratan de ofrecernos algo dando lo mejor de sí mismos.

*   *   *

Un día, un hombre empezó a criticar al gran sabio del pueblo. Cada vez que hablaba con alguien, se quejaba de su actitud.

Unos meses más tarde, cuando empezó a conocer mejor al gran sabio, se dio cuenta de su error y acudió ante él para pedirle disculpas. Le dijo: «Pídame lo que quiera y lo haré para compensarle».

El gran sabio era célebre por su gran compasión. Simplemente le dijo: «Vuelve a casa y coge tu almohada. Rómpela en el jardín y deja que el viento disperse las plumas que contiene». Sin tratar de entender, el hombre obedeció. Luego regresó ante el gran sabio.

—¿Ya me ha perdonado? —le preguntó.
—Aún no. Ahora me gustaría que fueras a recoger todas las plumas de tu almohada —respondió el gran sabio.
—¡Pero eso es imposible! —exclamó el hombre—. El viento las ha dispersado todas.
—Bueno, es tan difícil enmendar los errores que has cometido con tus palabras como recuperar las plumas esparcidas por el viento. Tus palabras también han llegado muy lejos...

*   *   *

Durante mucho tiempo no he valorado el alcance de nuestras palabras. Cada vez que decimos algo negativo sobre algo o alguien, contribuimos a que el mundo sea un poco más oscuro. Pensamos que no es grave ni importante, pero nuestras palabras tienen consecuencias reales. Y no siempre es fácil deshacer el daño causado. Por eso, en nuestras próximas conversaciones, te sugiero que tratemos siempre de ser positivos con el mundo que nos rodea.

*   *   *

Tenemos que darnos cuenta de que nuestras críticas son también fruto de nuestros deseos insatisfechos. Al trabajador que critica al perezoso, ¿no le gustaría permitirse de vez en cuando unas horas de ociosidad? El valiente que se burla del cobarde, ¿acaso no siente la tentación de huir de vez en cuando? Y el íntegro que critica al adúltero, ¿no querría ser infiel de vez en cuando? Toda crítica es violencia contra los demás. Pero toda crítica es también violencia contra nosotros mismos.

Nuestras virtudes pueden convertirse en cárceles. Y como no podemos huir de ellas, retenidos por el respeto de ciertos principios, condenamos a los que son libres. Y la crítica sirve para mantener la diferencia. Así que sé libre de vez en cuando. Si eres fuerte, sé débil. Si eres serio, déjate llevar por la fantasía. Si eres trabajador, sé perezoso. Crecerás con estas experiencias. Comprenderás mejor a los que te rodean y serás más indulgente con ellos y, de paso, contigo mismo.

*   *   *

Dos amigos nómadas atravesaban uno de los desiertos más tórridos del planeta. En un momento de su viaje, mantuvieron una discusión. El primero le dio una bofetada al segundo. Este, dolorido, no respondió. Se arrodilló en el suelo y escribió en la arena:

«Hoy mi mejor amigo me ha abofeteado».

Siguieron su camino y llegaron a un oasis, donde pudieron lavarse un poco y dar de beber a su camello. Pero resultó que el pequeño lago era más profundo de lo que parecía y aquel hombre que había recibido una bofetada no sabía nadar. Estuvo a punto de perecer ahogado si su amigo no llega a intervenir.

Tras recuperar el aliento, buscó una piedra. Luego cogió una punta y un pequeño martillo y grabó en la piedra:

«Hoy mi mejor amigo me ha salvado la vida».

El hombre que le había abofeteado y salvado de morir ahogado le preguntó entonces: «Cuando te abofeteé, escribiste en la arena, y ahora has grabado tu mensaje en una piedra: ¿por qué lo has hecho así?».

Su mejor amigo le respondió: «Cuando alguien nos hace algo malo, debemos escribirlo en la arena, donde los vientos del perdón se lo llevarán; pero cuando alguien hace algo bueno por nosotros, debemos grabarlo en piedra, para que nada pueda borrarlo».

*   *   *

Me gustaría pedirte perdón porque, para ser honesto, he hablado a veces mal de ti. No era mi intención hacerte daño, pero lo hice. Me equivoqué, y te pido por favor que dejes que el viento se lleve mis palabras. Si tú has hecho lo mismo, no pasa nada. Te perdono. Ahora sé que lo pensaremos dos veces antes de decir algo sobre alguien. Tendremos más cuidado, porque sabemos qué repercusiones tiene nuestro comportamiento en el mundo y en la gente.

Estar enfadado

DURANTE NUESTRO ÚLTIMO ENCUENTRO, ME HABLASTE DE ALGUIEN CON QUIEN ESTABAS MUY ENFADADO... ESTABAS FUERA DE TUS CASILLAS, DOMINADO POR LA IRA...

ESTO ES LO QUE ME HUBIERA GUSTADO DECIRTE... PARA CALMAR EL FUEGO QUE ARDE EN TU INTERIOR... Y TRANSFORMAR ESTA ENERGÍA EN FUERZA...

...PROBABLEMENTE HABRÍA EMPEZADO CONTÁNDOTE ESTA HISTORIA.

Un día, en una tribu india, dos hermanos se pelearon hasta el punto de que su padre tuvo que intervenir para separarlos. Se habían peleado porque uno acusaba al otro de haberle robado uno de sus juguetes. El padre los sentó y les ofreció un trozo de carne seca. Entonces les dijo: «Hijos míos, prestad atención a esta historia. Yo también siento a veces ira hacia otras personas. Pero la ira siempre acaba agotando a la persona que la siente. La ira no hace daño a ningún enemigo. La ira es como un veneno que te tragas con la esperanza de que la otra persona se arrepienta».

Y prosiguió: «En el interior de cada persona viven dos lobos. El primero es amable conmigo y nunca me hace daño. Al contrario, este lobo me da fuerza. La mayor parte del tiempo es manso como un cordero. Solo lucha cuando es necesario, cuando es útil, y lo hace con justicia. Y cuando lucha, lo hace con determinación, pero nunca con brutalidad ni violencia. Es un lobo con una inteligencia fina y sutil. Es un lobo sabio y valiente.

El otro lobo, en cambio, vive dominado por la rabia y la agresividad. Cualquier detalle menor que suceda en su vida, el menor obstáculo o la menor frustración le provoca un ataque de ira. Es capaz de pelearse con cualquiera, a todas horas, sin motivo y sin que eso aporte nada a su vida. Es incapaz de pensar correctamente y utilizar su inteligencia, porque su ira le ciega. No busca progresar en la vida, sino destruir a aquellos que le han herido u ofendido.

A veces es difícil vivir con estos dos lobos dentro de mí, porque ambos quieren dominar mi mente». Los dos hermanos miraron entonces a su padre a los ojos: «¿Cuál de los dos gana, padre?».

Y el padre sonrió y contestó suavemente: «Aquel al que yo alimente».

*   *   *

Érase una vez un capitán que lucía un gran bigote negro, que cuidaba mucho y del que estaba muy orgulloso. Al capitán le gustaba gastar bromas a sus sobrinas, que eran unas niñas traviesas que le pagaban con la misma moneda. Un día, sus sobrinas encontraron en el sótano del capitán un queso francés viejo, rancio y maloliente. Por la noche, entraron en la habitación del capitán y le untaron el queso por todo el bigote; al instante, un olor repugnante invadió todo el espacio.

Cuando el capitán se levantó, aún de madrugada, no pudo evitar dar un respingo. «Esta habitación apesta», gritó tapándose la nariz. Luego fue en busca de la causa del mal olor. Empezó a olisquear su almohada. «Uf... ¡esta almohada apesta!» Y la tiró a la basura. Hizo lo mismo con las sábanas de su cama, con una pequeña alfombra e incluso con su propia cama, que también olía fatal. Hasta los muebles olían mal y le dieron ganas de tirarlos por la ventana.

Abrió la ventana para intentar ventilar la habitación, pero al respirar el aire fresco del jardín le seguía oliendo todo mal, repugnante. El jardín con sus bonitas flores, los prados de alrededor, incluso el mar que se veía a lo lejos, todo olía fatal. «Este mundo me da asco», gritó. Y así pasó todo el día hasta que por fin se dio cuenta de que sus sobrinas le habían jugado una mala pasada y que el mal olor no procedía del mundo, ¡sino simplemente de su bigote![6]

*   *   *

Hubo un día una gran guerra entre dos grandes reinos de Japón. Miles de hombres y mujeres de estos dos reinos mantuvieron luchas encarnizadas. Entre ellos había grandes luchadores que no tenían rival: los famosos samuráis.

Y entonces, al igual que el sol de primavera derrite la nieve y hace florecer los cerezos, la paz volvió entre los dos reinos. Comenzó una nueva era. Los que habían sido grandes guerreros tuvieron que dejar las armas. Uno de ellos se llamaba Ishiro.
Terminada la guerra, Ishiro no sabía a qué dedicar su tiempo. Por la mañana, al levantarse, sentía el impulso de ir a la batalla. Por la tarde, sentía el impulso de ir a la batalla. Y por la noche, sentía el impulso de ir a la batalla. Pero ya no había guerra.

Ishiro se hundió en una terrible depresión. Empezó a beber y todo le molestaba. Durante todo el día discutía con su mujer, sus hijos y sus vecinos. Por la noche, rondaba por las tabernas, bebiendo y enfrentándose a los demás clientes.

A menudo se metía en peleas, y solo volvía a casa al amanecer para pelearse de nuevo con su mujer, sus hijos y sus vecinos. Ishiro nunca aprendió a vivir en paz, y esta eterna lucha solo terminó con su muerte.

*   *   *

«Cuando alguien te haga enojar, debes saber que es tu juicio lo que te enoja».

Epicteto

---

[6]   Una historia de Robert Mac Donald.

*   *   *

«El miedo lleva a la ira, la ira lleva al odio, el odio lleva al sufrimiento».

Maestro Yoda

*   *   *

La ira surge en tres tipos de situaciones: cuando una situación es injusta, cuando otra persona se permite hacer algo que no debería y cuando se frustra alguno de tus deseos. La ira es un acicate que te empuja a actuar para cambiar la situación. Tienes que hacer que la situación sea más justa, conseguir que la persona que actuó contra ti cese en su conducta y satisfacer tu deseo. La ira es, por tanto, una energía que te invita a cambiar el mundo para restablecer el equilibrio.

Hay gente que siempre está enfadada. No tienen la vida que les gustaría tener. Pero no se esfuerzan por cambiar el mundo que les rodea. Prefieren estar enfadados. La ira es como una droga. Otras personas siempre están enfadadas porque no saben sentir otras emociones. Estas personas son guerreros que únicamente han conocido la guerra y que no saben vivir en tiempos de paz, como Ishiro. Hay momentos en los que luchar contra los demás y contra el mundo no tiene sentido.

La ira es una señal de que necesitas un cambio en tu vida o en tus relaciones con los demás. Si no cambias nada, la ira crecerá y crecerá hasta consumirte. Pero si la ira es un signo, jamás debe constituir un medio ni un fin. El mundo solo puede cambiar a través del trabajo y el diálogo. Y si el mundo o las personas que te rodean no cambian y tu ira permanece, entonces debes marcharte y alejarte de aquello que la provoca. Encontrarás la paz con la distancia.

*   *   *

«La ira significa tres cosas:
1. Deseo algo más que nada y no puedo tenerlo.
2. Me convenzo de que alguien debería dármelo.
3. Estoy a punto de comportarme de una manera que me garantiza que no
lo conseguiré».

Marshall B. Rosenberg

*   *   *

La ira tiene una escala de tres niveles:

- El primer nivel es la molestia. Te irrita una persona o una situación. Tu corazón se acelera ligeramente. Sientes un atisbo de agresividad en tu interior.
- El segundo nivel es la ira propiamente dicha. Tu corazón ahora sí late con celeridad. Puedes sentir la tensión en los músculos. Notas cómo tu cara empieza a ponerse roja. Sientes algo en el estómago, como una pelota. Estás agresivo. Tienes ganas de confrontación.. Utilizas palabras desagradables y un lenguaje duro para herir y ofender.
- El tercer nivel de ira es la rabia. En este punto, pierdes el control sobre ti mismo. Las palabras brotan sin que pienses en las consecuencias. Sientes el deseo de destruir. Tu mente se nubla, empiezas a actuar de forma irracional y puedes cometer actos de violencia contra los demás. Tus músculos están completamente tensos. El rojo domina tu rostro. La mandíbula apretada. Es la reacción de una bestia herida. La rabia puede llevarte a cometer actos irreparables de violencia extrema.

*   *   *

Érase una vez una niña que nunca estaba contenta y siempre se quejaba. Un día su madre le regaló un paquete de chinchetas y le dijo: «Toma estas chinchetas y clava una en esta tabla cada vez que te enfades».

Al anochecer, la niña había clavado cuarenta y dos chinchetas en la tabla. A medida que pasaban los días, la niña clavaba cada día menos chinchetas, pues había aprendido que clavar una chincheta en una tabla dura era más difícil que enfadarse.

Un día, la niña consiguió mantener la calma durante todo un día. Ya no tenía ningún motivo para clavar chinchetas en la tabla. Su madre le pidió entonces que quitara todas las chinchetas que había clavado.

La niña obedeció y así lo hizo. Llamó entonces a su madre, que le dijo: «Muy bien, hija mía, ahora ven a ver todos estos agujeros, las chinchetas han dejado marcas que nunca podrán desaparecer».

En la vida ocurre lo mismo. Cuando digas cosas dominado por la ira, recuerda que es como una chincheta que clavas en el corazón de alguien. Siempre podrás quitarla, pero quedará un agujero.

Puedes arrepentirte de lo que dijiste, puedes pedir disculpas, pero la herida permanecerá para siempre. La próxima vez, antes de dejarte llevar por la ira, piensa en esas chinchetas, en sus puntas y en las heridas que dejarán en el corazón de las personas a las que quieres.

*　　*　　*

El problema de la ira es que nos conduce a reaccionar de forma inadecuada o desproporcionada ante una situación. Bloquea la comunicación con las personas implicadas. Si hay un conflicto, la ira te llevará a herir a la otra persona con palabras vejatorias. Si esa persona se siente agredida, no tendrá ningún interés en resolver el conflicto. Por eso no debes hablar ni reaccionar con ira, sino esperar a que esta se disipe.

*   *   *

«Tienes ventaja sobre la ira cuando te callas».

Proverbio egipcio

*   *   *

Cuando te invada la ira, no intentes controlarla. Siente cómo se extiende por tu cuerpo. Verás que empieza en tu vientre y luego se dispersa por todas partes. Deja que te llene por completo, observándola como un espectador que contempla la belleza de una tormenta o de un torrente devastador. Percibe cómo cambia tus percepciones, tus sentimientos, tu actitud, tu postura, tu mirada, tu fisiología. Analízala en silencio, sin moverte, y aprende de ti mismo, de lo que te está ocurriendo.

Ahora intenta comprender el origen de esa ira. ¿Te has sentido traicionado? ¿Has experimentado alguna situación a tu parecer injusta? ¿Te han privado de la satisfacción de uno de tus deseos más preciados? ¿Alguien ha repetido una acción que suele enfadarte? Intenta comprender y expresar en una sola frase por qué sentiste esa ira. Di: «Me he enfadado porque...». Y así comprenderás qué fue lo que desató la tormenta.

Busca luego una situación opuesta a la que viviste en ese momento. Por ejemplo, si alguien te mintió, piensa en el día en que alguien te dijo la verdad. Si alguien ha cometido una injusticia hacia ti, piensa en alguien que se haya comportado de manera justa. Si alguien te ha impedido satisfacer tus deseos, piensa en alguien que los haya satisfecho plenamente. Cuando la tengas, concéntrate en ella. Deberías sentir entonces una profunda sensación de serenidad y bienestar.

Controla tu mente y dirige tu atención hacia ese recuerdo placentero. Descubrirás así que eres el dueño de tus emociones. Puedes cambiar las emociones que te recorren con el poder de la memoria. Puedes provocar en ti ira o serenidad, según lo que quieras conseguir. Juega en los próximos días a hacer que la ira vaya y venga. Juega a la que la alegría y la serenidad vayan y vengan. Y así aprenderás a controlar tus emociones.

*   *   *

La ira es como un fuego que arde. Este fuego puede ser destructivo o, por el contrario, puede convertirse en una fuente de energía extraordinaria. Piensa en la combustión que permite que tu coche se mueva, que los trenes circulen y que los aviones vuelen. Sin fuego nada sería posible. Pues bien, sin ira, ciertos cambios serían imposibles. Toma el fuego de la ira, canalízalo en tu interior y dirígelo hacia una transformación positiva de tu vida. Conseguirás así que la ira, en lugar de ser la energía de la destrucción, se convierta en la energía de la transformación.

*   *   *

Puede que a veces hagas enfadar a otra gente. Llegado el caso, cuestiónate tu propio comportamiento. Las personas reaccionan de forma diferente ante las distintas situaciones. Si repites un acto que enfada a alguien, no estás actuando de forma justa. Puede que pienses que esa persona no debería enfadarse por ese motivo, o que lo consideres carente de fundamento. No juzgues, simplemente cambia tu conducta.

*   *   *

«Quien calma la ira apaga el fuego; quien aviva la ira será el primero en perecer en las llamas».

Hazrat Ali

*   *   *

Un profesor de psicología imparte en un seminario una conferencia sobre las emociones:

—Hoy voy a mostrarles las diferentes etapas de la ira —dice, y a continuación coge su teléfono móvil y marca un número al azar—.

Hola, señor, me gustaría hablar con Arturo, por favor...

—Se ha equivocado de número, no me llamo Arturo.

Mira a los participantes en la conferencia y añade:

—Esta es la etapa de la molestia.

Vuelve a coger el teléfono y marca de nuevo el número. El señor, efectivamente un poco molesto, contesta:

—Acaba de llamarme y ya le he dicho que no me llamo Arturo. ¡No conozco a nadie que se llame Arturo!.

El profesor lo hizo una tercera vez, luego una cuarta, luego una quinta... hasta que el hombre, fuera de sí, acabó insultándole. Se vuelve hacia el público y comenta:

—Esta es ahora la etapa de la ira, pero aún queda otra más.

Vuelve a coger el teléfono y marca de nuevo el número.

—Hola señor, soy Arturo. ¿Ha llamado alguien para dejar un mensaje?

*   *   *

Si un día te hago enfadar, ven a decírmelo en seguida. Te pediré disculpas en ese mismo momento y dejaré de comportarme de esa manera. Quizá no me he dado cuenta o no he creído que estuviera haciendo algo incorrecto. No siempre sabemos cómo comportarnos. Podemos cometer errores o equivocarnos. Quiero lo mejor para ti por encima de todo. Por eso no quiero que te enfades, porque sé que la ira es mala para la salud. Quiero verte tranquilo, bien y en paz.

Rechazar la ayuda

TE TENGO UN GRAN RESPETO PORQUE SÉ QUE ESTÁS PASANDO POR UN MOMENTO DIFÍCIL EN TU VIDA EN ESTE MOMENTO.

SÉ QUE QUIERES ABSOLUTAMENTE SUPERARLO POR TU CUENTA, SIN RECURRIR SIQUIERA A LA AYUDA DE TUS ALLEGADOS...

SIN EMBARGO, ESTO ES LO QUE ME GUSTARÍA DECIRTE... PARA QUE ABRAS TU CORAZÓN Y ACEPTES LA VALIOSA AYUDA QUE SE TE OFRECE.

...ME GUSTARÍA EMPEZAR CONTÁNDOTE ESTA HISTORIA.

En los confines de la India, en el reino de Agra, el joven Aladino lleva la vida despreocupada de un niño de la calle. En lugar de pedir limosna, prefiere robar lo que necesita para comer en los puestos del mercado. La ciudad está gobernada por un sultán cuya hija, la princesa del reino, espera encontrar el amor y casarse. Todos los días esquiva a los ricos príncipes que vienen a pedir su mano para heredar a cambio el próspero reino de su padre. Un día, para descubrir el exterior del palacio donde ha vivido recluida desde niña, la princesa decide escapar y aventurarse a recorrer la ciudad, donde se mete en problemas con los soldados. Menos mal que apareció el joven Aladino para salvarla *in extremis*. Mientras Aladino muestra a la princesa cómo es su vida, el Gran Visir reconoce en el joven el «diamante de la inocencia» que le permitirá hacerse con la maravillosa lámpara oculta en una cueva secreta.

El Gran Visir, disfrazado de mendigo, convence a Aladino para que le acompañe a la cueva. Envía a Aladino a buscar una lámpara de aceite, pero el mono que le acompaña siempre no puede resistirse a robar una joya, lo que provoca el derrumbe de la cueva. Aladino se encuentra encerrado en la oscuridad en las profundidades de una cueva en medio del desierto. En la oscuridad, intenta encender la lámpara de aceite y la frota con un paño. Entonces aparece un extravagante genio, divertido y poderoso a la vez, que se ofrece a concederle tres deseos. El genio salvará a Aladino, le hará rico y le ayudará a triunfar sobre el Gran Visir. Finalmente, podrá vivir una historia de amor con la princesa, seducida por su amor sincero. El último de sus deseos servirá para devolver su libertad al genio, que tanto le ha ayudado.

*   *   *

Como en el cuento de Aladino, entre las personas que te rodean se ocultan genios que tienen el poder de hacerte la vida más fácil. Solo tienes que atreverte a pedirles ayuda. Aprende a hacerlo y ya verás... Te sorprenderá el tiempo y la energía que los demás pueden dedicarte. Los seres humanos, por naturaleza, preferimos ayudar a que nos ayuden. Por eso, resulta muy fácil obtener ayuda cuando nos enfrentamos a alguna dificultad o cuando queremos alcanzar un objetivo difícil.

*   *   *

«Ayudar a los heridos y a los débiles es lo que diferencia al hombre del animal».

Hugo Pratt

*   *   *

El enemigo de la felicidad y el éxito es siempre el ego. Pero, ¿qué es exactamente el ego? El ego es esa parte de ti que insiste en hacerse presente y tener el control. Cuando te encuentras con una dificultad, tu ego se rebela. Al principio, intenta superar este obstáculo solo, porque quiere demostrar su poder. Incluso si no lo consigue, persistirá en su empeño y tratará de resolver el problema por sí mismo, cuando es imposible. Pedir ayuda significa aceptar su debilidad y su fragilidad, significa aceptar su condición humana.

*　　*　　*

*«Un hombre nunca es tan grande como cuando está
de rodillas para ayudar a un niño».*

Pitágoras

*　　*　　*

Los seres humanos son buenos por naturaleza, pero a veces no perciben tus problemas. No quieren molestarte u ofenderte ofreciéndote su ayuda. Temen que les digas: «Tú, a lo tuyo, ¡yo me las apaño bien solo!» No tengas miedo de pedir ayuda a los demás. Porque no hay mayor honor que puedas rendir a un amigo, ni mayor prueba de confianza que puedas darle, que abrirle tu corazón en los problemas y pedirle su apoyo y su consejo.

Prestar ayuda da sentido a la vida. ¿Qué puede haber más hermoso que ver a otro ser humano escapar de un peligro o resolver un problema difícil gracias a nuestra intervención? Cuando ves que a alguien le va bien o le va mejor gracias a ti, ¿no sientes una inmensa satisfacción? No niegues este privilegio, este placer y este honor a las personas que quieres. Deja que desempeñen ese importante papel en tu vida. Deja que influyan positivamente en ti. Siendo así, les harás felices.

*　　*　　*

«Vivir es ayudar a otros a vivir. Ser feliz es hacer feliz a otros».

Raoul Follereau

*　　*　　*

Algunas personas rechazan la ayuda porque no quieren sentirse en deuda. Es cierto que aceptar la ayuda de alguien significa aceptar la idea de que un día tendrás que darle algo a cambio. ¡Es como una deuda! Otros se niegan a prestarla, porque piensan que la persona que pide ayuda es débil. En realidad, es justamente lo contrario: la persona que pide ayuda es fuerte. Es fuerte porque es inteligente. Porque sabe que el ser humano es un animal social, un ser de relación y cooperación.

*   *   *

Una mujer caminaba por la calle cuando, en un descuido, cayó en una alcantarilla que alguien había olvidado cerrar.

- Una monja que pasaba por allí le gritó: «Señora, debe de haber cometido usted un pecado. ¿Quiere que escuche su confesión?»
- Un científico calculó la anchura y profundidad de la boca de alcantarilla y la velocidad a la que cayó.
- Un periodista la entrevistó para averiguar dónde se había hecho daño, qué había provocado su caída y quién era el responsable.
- Un abogado le propuso interponer una demanda por daños y perjuicios.
- Una aseguradora intentó venderle un seguro de defensa jurídica para que pudiera demandar a los responsables de la situación.
- Un seguidor del budismo y la mediación trascendental le dijo: «Esta alcantarilla solo está en tu mente, como tu dolor».
- Un médico le lanzó un paquete de potentes analgésicos.
- Un psicoanalista sugirió que probablemente había sido un acto fallido, un impulso inconsciente que la había empujado a caer en aquella alcantarilla.
- Un terapeuta le ofreció ayuda para curar su compulsión a caer en alcantarillas y la fobia que le provocaría este accidente.
- Un optimista añadió: «Solo ha sido el golpe, has tenido suerte, podrías haberte lesionado gravemente al caer».

- Un pesimista añadió: «Esta caída es solo el principio de una larga serie de problemas...».
- Entonces pasó un niño por la calle y le tendió la mano...

*   *   *

Si un día necesitas ayuda, no tienes por qué empeñarte en dar con alguien competente. Busca más bien a alguien que sea sensible a tus dificultades y esté dispuesto a ayudarte. Aquel que sabe ayudar es sobre todo una persona humilde cuya principal motivación es estar al servicio de los demás. Recibir ayuda significa ante todo recibir compasión y después actuar para encontrar una solución concreta a los problemas. Así es como conseguimos resolver las dificultades de la vida.

*   *   *

Help, I need somebody.
¡Ayuda! necesito a alguien,
Help, not just anybody.
ayuda! no a cualquiera,
Help, you know I need someone, Help!
¡ayuda! sabes que necesito a alguien, ayuda!

When I was younger, so much you younger than today.
Cuando era más joven, mucho más joven que ahora,
I never needed anybody's help in any way.
nunca necesité la ayuda de nadie para nada.
But now these days are gone, I'm not so self-assured.
Pero ahora esos días se fueron y ahora no estoy tan seguro de mí mismo.
Now I find I've changed my mind and I opened up the doors.
Ahora me encuentro que he cambiado de opinión, he abierto
las puertas de par en par.

The Beatles, «Help», 1965

*   *   *

«Para prender fuego a un bosque, se requiere la ayuda del viento».

Proverbio tibetano

*   *   *

En pleno invierno, una maestra ayudaba a los niños a vestirse para salir al patio. Uno de los niños necesitaba que la maestra le pusiera las botas. Después de empujar y tirar en todas direcciones, consiguió finalmente calzarlo. Dijo entonces el niño:

«Están al revés, señorita».

Al darse cuenta de que, efectivamente, había puesto cada bota en el pie que no era, la maestra se las quitó con dificultad. Le costó quitárselas tanto o más que ponérselas. Una vez que se las hubo quitado, se las volvió a poner en el pie correcto. Dijo entonces el niño:

«Señorita, pero estas no son mis botas».

La maestra reprimió su cólera y, recuperando la compostura, replicó:

«¿Pero por qué no me lo has dicho antes?».

El niño, que se había dado cuenta de que su maestra estaba enfadada, no contestó y dejó que le quitara las botas de nuevo antes de añadir:

«En realidad no son mis botas, son de mi hermano, pero mamá me dijo que tenía que ponérmelas».

A la maestra se le llenaron los ojos de lágrimas. Respiró hondo y emprendió de nuevo la tarea de ponerle las botas al niño. ¡Misión cumplida! Para terminar, ayudó al niño a ponerse el abrigo, le rodeó el cuello con la bufanda y le preguntó:

«¿Dónde has puesto los guantes?».

«Para no perderlos —respondió el niño— los he metido en las botas».

*   *   *

Estoy aquí, así que si necesitas ayuda, dímelo. No te juzgaré, no intentaré dirigir tu vida, no intentaré obligarte a hacer cosas que no quieres hacer. Aceptaré esta misión con humildad. Pero haré todo lo que pueda para ayudarte, porque significas mucho para mí y una de las cosas más importantes para mí es que seas feliz. Así que si tienes problemas, tienes mi número, mi correo electrónico, mi Skype, mi Snap, mi Facebook… ¡Búscame y me encontrarás!

Afrontar un problema difícil

CUANDO TE VI, TENÍAS DELANTE UN PROBLEMA TAN DIFÍCIL DE RESOLVER QUE SENTÍAS IMPOTENCIA.

ESTO ES LO QUE ME HUBIERA GUSTADO DECIRTE... PARA AYUDARTE A IMAGINAR NUEVAS SOLUCIONES Y SALIR DE ESTE ATOLLADERO...

...PROBABLEMENTE HABRÍA EMPEZADO CONTÁNDOTE ESTA HISTORIA.

Hace mucho tiempo, en un pueblecito perdido entre las montañas, un campesino muy pobre tenía que pagar una deuda muy grande a un viejo y feo usurero. El granjero tenía una hija muy guapa que era muy del agrado del viejo usurero. Este ofreció al granjero un trato: consideraría saldada su deuda si podía casarse con su hija. El granjero y su hija rechazaron inicialmente esta propuesta. Así que el viejo usurero, que también era muy listo, sugirió que el azar decidiera su destino.

Colocaría una piedra blanca y otra negra en una bolsa, y la joven tendría que elegir la piedra a ciegas.
1) Si salía la piedra negra, tendría que casarse con él y quedaría anulada la deuda de su padre.
2) Si salía la piedra blanca, no tendría que casarse con él y quedaría anulada la deuda de su padre.
3) Si se negaba a elegir una piedra, su padre sería detenido y encarcelado.
Huelga decir que la joven y su padre no tenían más opción que participar en este juego perverso.

El campesino, bajo el yugo de la obligación, aceptó los términos del viejo usurero y, mientras seguían hablando, este último recogió dos piedras del camino y las echó en una bolsa. La joven se dio cuenta de que solo había recogido dos piedras negras, pero no dijo nada. El viejo usurero entregó la bolsa a la joven y le pidió que eligiera una piedra. ¿Qué opciones tenía para salir de este apuro? Si hubieras estado en su lugar, ¿qué habrías hecho?

1) La hija debería haberse negado a coger una piedra, aun a riesgo de que se padre acabara con sus huesos en la cárcel.
2) La hija debería haber cogido las dos piedras para desenmascarar el engaño del viejo usurero, pero en este caso este les habría denunciado a la policía y su padre habría sido encarcelado.
3) La hija debería haber cogido la piedra negra sin decir una palabra y haber aceptado casarse con el viejo usurero, salvando así a su padre de ir a la cárcel.

¿Qué habrías hecho tú en el lugar de la joven?
Esto es lo que hizo:
Metió la mano en la bolsa y sacó una piedra, que inmediatamente dejó deslizar sendero abajo, sin que nadie tuviera tiempo de verla. La piedra se confundió con todas las demás que había en el suelo.
—¡Vaya! ¡Qué torpeza la mía —exclamó la joven—. Aunque no pasa nada; si saco la piedra que queda en la bolsa, sabremos de qué color era la primera.
Como la piedra que quedaba era negra, la primera piedra tenía que ser forzosamente blanca. Y como el viejo usurero no se atrevió a revelar su artimaña, la joven acabó convirtiendo esta situación desesperada en una situación ventajosa para ella... La deuda de su padre quedó saldada y ella no tuvo que casarse con el viejo usurero.

*   *   *

Aunque te encuentres ante un problema que parece no tener solución, recuerda que siempre hay una manera de cambiar la situación a tu favor. Puedes salir victorioso incluso de las situaciones más desesperadas. Esto requiere imaginación y creatividad, requiere que uses toda tu inteligencia (y a veces la de quienes te rodean: juntos somos más inteligentes), pero tienes que estar convencido de que es posible. Solo necesitas el tiempo suficiente para encontrar la respuesta adecuada.

*   *   *

Primer enigma:

Todos los días de la semana, un hombre cruzaba la frontera tres veces con su burro. El burro iba cargado con dos alforjas llenas de piedras sin valor. El aduanero lo registraba y no entendía por qué el hombre era cada vez más rico. Estaba seguro de que se dedicaba al contrabando... ¿Con qué crees que traficaba este hombre?

Respuesta a este enigma:

La respuesta a este enigma es el nombre del animal que murió después de que sus amos, un granjero y su hijo, recibieran críticas. También fue a este contrabandista a quien le compraron el animal. Porque en realidad este contrabandista traficaba con burros...

Imagina que caminas por un sendero que se adentra en un oscuro bosque de abetos. La arboleda es tan densa que impide el paso de la luz. Hay algo inquietante e incómodo en este bosque. Estás rodeado de miles de abetos oscuros y amenazadores. Estos abetos oscuros y amenazadores representan el problema al que te enfrentas. No puedes ver nada por culpa de los abetos, y tu futuro parece tan sombrío como este bosque negro.

Vas caminando y, de repente, llegas a un bonito claro. El suelo está cubierto de hierba verde y flores de muchos colores. Mariposas moradas revolotean por todas partes. Sobre este bosque, el cielo es azul. En el centro del claro, te espera un globo aerostático. Una viva llama calienta el aire del globo, de un vivo rojo, que está listo para despegar. *Let's go!* Saltas a la cesta y sueltas el ancla. ¡Nos vamos! Qué sensación de ligereza cuando el globo despega entre los árboles. Gritas de alegría, despertando a todos los pájaros que empiezan a cantar.

El globo se eleva. Trepa por los troncos negros cubiertos de espinosas ramas. Cuanto más subes, más se abre paso la claridad. El cielo resplandece con los cálidos rayos del sol. En tu cabeza, sientes que todo se ilumina. Aquí estás, en la cima de los árboles. Desde aquí, puedes ver todo el bosque. Desde arriba es inmenso y diminuto a la vez. Sueltas todos los lastres y el globo se eleva rápidamente. No es un globo: es una nave espacial, rumbo a la galaxia de las soluciones.

El globo impulsado por el viento te lleva hacia tu destino, sobre bosques, lagos y praderas, sobre montañas y simas. Ya estás muy lejos del bosque de donde partiste. A tu alrededor, el paisaje es magnífico. Tus ojos escudriñan el horizonte. El viento te lleva cerca del mar. El viento cálido sopla suavemente y te acaricia los hombros. Contemplas la belleza del mundo que se extiende bajo tus pies. A lo lejos, extrañamente, un arco iris tiende un puente entre el cielo y la tierra.

El problema al que te enfrentabas, que parecía un obstáculo insalvable, en realidad no era más que un pequeño impedimento en el largo camino de tu vida. Y tu vida será larga y hermosa. Y serás feliz y triunfarás, porque te sobran los recursos, los talentos y la inteligencia. Si te encuentras con un muro infranqueable, cava un agujero para pasar por debajo; si estás perdido, busca una brújula; si has caído en un agujero, trepa o constrúyete una escalera. En tus manos reside el poder de crear tu solución.[7]

*   *   *

«No hay problemas, solo soluciones. La mente humana inventa entonces el problema y lo percibe por todas partes».

André Gide

---

[7]   Este texto es una traducción de un pasaje del libro *L'hypnose: la clef du bonheur* (2017).

* * *

«Un problema sin solución es un problema mal planteado».

Albert Einstein

* * *

Un día, tres chicas fueron a ver a una mujer con fama de ser muy sabia.

—Tenemos un problema con una de nuestras amigas —dijeron—. Es autoritaria y agresiva, y no acepta que le lleven la contraria. Ya estamos hartas de ella.

—Tenemos que decírselo —sugirió la primera chica—. Con buenas palabras, podemos decirle que no nos gusta cómo se comporta. A ver si podemos convencerla luego para que cambie su carácter. Y si eso no funciona, seremos más duras con ella. Ya no vamos a dejar pasar ni una. Aunque eso implique que tengamos que mostrarnos agresivas.

—Yo temo —dijo la segunda chica— que esto pueda derivar en un conflicto. Confieso que no me gustan demasiado, prefiero evitarlos porque me resultan agotadores.

—Y a fin de cuentas, es nuestra amiga —afirmó la tercera chica—. Yo creo que no deberíamos intentar cambiarla, sino aceptarla tal y como es.

—Las tres tenéis razón —aseguró la mujer—. Enfrentarse a alguien para intentar cambiarle no es una buena idea porque, si no funciona, corréis el riesgo de convertiros en acosadoras. Tenéis que dejarlo estar y elegir otra táctica: la evitación, la distancia o la huida.

—No estoy de acuerdo —manifestó la primera—. Huir es de cobardes y además no le ayudará a darse cuenta de sus defectos.

—Si es el miedo a la confrontación lo que te hace huir —dijo la mujer—, tienes razón al pensar así. Pero si ya has probado todo para cambiar las cosas y no funciona, seguir enfrentándote no tiene sentido. La evitación se convierte en una buena opción.

—Y hay una tercera opción: la aceptación. Cuando no es posible cambiar o evitar una realidad desagradable, hay que aprender a aceptarla.

—Eso es resignación —apuntó la segunda chica—. No estoy de acuerdo, porque la perseverancia siempre da sus frutos.

—La aceptación no es resignación —dijo la mujer.

—¿Qué diferencia hay? —preguntó la tercera chica.

—Si no puedes cambiar las cosas ni evitarlas —proclamó la mujer— tienes que cambiarte a ti misma. Cambia lo que esperas de la situación, aprende a aceptar y amar las cosas tal como son. Es un signo de valentía e inteligencia ser capaz de conseguirlo.

—Cada vez que una realidad no se corresponda con nuestro ideal, ¿podemos elegir entre estas tres posturas? —preguntó la segunda chica.

—Sí —aseguró la mujer—. Podéis elegir entre la confrontación, la evitación y la aceptación. O su lado más oscuro: la violencia, la huida y la resignación. La elección es vuestra.

$$*\qquad*\qquad*$$

Segundo enigma:

Solo hace falta un sí o un no para que se separen. ¿Qué es?

Respuesta:

Los labios

Tengo poca fuerza pero mucho poder,
cuidar cuchitriles o palacios es mi menester,
pero si mi amo se va,
atrás no me puede dejar.

Respuesta

La llave

*   *   *

Cuando la vida te presente un problema difícil, cambia de actitud. ¿Recuerdas cuando eras niño y jugabas a resolver enigmas? Recuerda lo bien que te lo pasabas con estos juegos. Era divertido y emocionante, a veces desesperante cuando no encontrabas la solución. La vida es un juego, y si la afrontas con ligereza y aceptas no dramatizar el más mínimo acontecimiento que te suceda, acabarás encontrando placer en el hecho de enfrentarte a los problemas.

*   *   *

Tercer enigma

Una joven casada y descuidada por su marido —absorto en su trabajo— se deja seducir y se va a pasar la noche con su amante en una casa al otro lado del río. A la mañana siguiente se disponía a cruzar el puente de nuevo para llegar a casa a primera hora, antes de que su marido regresara de viaje. Pero un desequilibrado con malas intenciones no le permite pasar. Sale a toda prisa en busca de un barquero que le cruce el río en su embarcación. Pero va sin dinero. Se lo explica y le suplica que le haga el favor. Pero el barquero no está dispuesto a hacer el servicio si no se le paga por adelantado. Acude entonces a su amante y le pide dinero, pero él se niega sin dar la menor explicación. Va entonces al encuentro de un amigo soltero que vive en el mismo lado del río y que ha estado siempre enamorado de ella, pero ante quien nunca ha cedido. Ella se lo cuenta todo y le pide dinero. Pero él la rechaza: su comportamiento le ha decepcionado. Llegados a este punto, la joven decide, tras una nueva negativa del barquero, cruzar el puente. Y entonces el desequilibrado la mata. ¿Quién es el responsable?

Respuesta:

La mayoría de las personas a quienes se plantea este enigma responden: la mujer. Otros se refieren al amante, al desequilibrado o al barquero. Si es tu caso, estás cometiendo el mismo error que estas personas. Estás cometiendo lo que en psicología se conoce como un «error de atribución fundamental». El error de atribución fundamental consiste en atribuir la responsabilidad de un acontecimiento o situación a los individuos en lugar de al contexto en el que se encuentran dichos individuos.

*   *   *

Hay un juego de cartas desarrollado por Brian Eno y Peter Schmidt en 1975 llamado *Estrategias oblicuas*. En cada carta aparece una fórmula que puede dar lugar a diferentes interpretaciones. El objetivo de este juego de cartas es reactivar el proceso creativo cuando se producen bloqueos. He sacado seis cartas del juego[8]:

- Carta n.º 1: Desconectar del deseo
- Carta n.º 2: Distorsionar el tiempo
- Carta n.º 3: Usar clichés
- Carta n.º 4: Muévete hacia lo no importante
- Carta n.º 5: ¿Es la entonación correcta?
- Carta n.º 6: Análisis de conglomerados

*   *   *

Si te topas con un problema difícil, empieza por pensar en qué pasaría si la situación se agravara aún más. Si el problema fuera más serio, ¿qué ocurriría? Detrás de la palabra «problema» a menudo se oculta «cambio». Y a veces es imposible evitar este cambio. Si dejas que el cambio se produzca primero en tu mente, habrás dado un primer paso para permitir que se produzca en la

---

[8] Saca otra si quieres, las tienes traducidas al español en: https://oblicuas.pelayomaojo.es/

realidad. Tu problema desaparecerá entonces porque habrás dejado que se convierta en otra cosa.

*   *   *

Si quieres resolver un problema, empieza por identificar su origen. Para ello, recurre a la técnica de los «cinco por qué», que consiste en formular cinco veces la pregunta «¿Por qué?» con el fin de identificar la raíz de un problema. Mientras escribía este libro, me ocurrió un infortunio. Iba caminando por la calle y tropecé con un pequeño escalón. Salí volando y acabé tirado en el suelo en mitad de la acera, lo que provocó que un niño se carcajeara de risa y que una anciana se acercase a mí con un buen susto.

1. ¿Por qué me caí?
Porque no estaba prestando atención.
2. ¿Por qué no estaba prestando atención?
Porque estaba pensando en mi trabajo.
3. ¿Por qué estaba pensando en mi trabajo?
Porque estoy escribiendo un libro fascinante sobre desarrollo personal...
4. ¿Por qué estoy escribiendo este libro?
Porque realmente lo disfruto.
5. ¿Por qué realmente lo disfruto?
Porque me hace feliz ayudar a los demás y ofrecerles soluciones.

En este caso, analizar las causas me devolvió a mi pasión por la escritura, que es algo que no cambiaría bajo ningún concepto. Así que solo tengo que aceptar las caídas ocasionales que hacen reír a los niños y asustan a las ancianas. Sin embargo, si el análisis de las causas me hubiera llevado a un elemento negativo, como el estrés o el cansancio, entonces habría tenido que cambiar cosas en mi vida. Debería haber descansado más para reducir mi estrés y mi fatiga. Un problema puede requerir un cambio.

*   *   *

«*'Aventura' es solo un nombre romántico para 'problema'*».

Louis l'Amour

*   *   *

1+1 = 3. Así que si necesitas ayuda para resolver un problema difícil, llámame. Nos tomaremos un café y dedicaremos el tiempo que haga falta a analizar la situación con calma. Te daré mi punto de vista, mi opinión. Puede que incluso me atreva a darte algún consejo. Pero nunca lo olvides: la solución siempre está en ti. Es algo que solemos saber ya... ¡pero que nos cuesta aceptar! Confía en tu intuición: es totalmente irracional, pero así es como suelen tomarse las mejores decisiones.

Perder la confianza en uno mismo

TE CONOZCO BASTANTE BIEN, Y SÉ POR ESO QUE A VECES PIERDES LA CONFIANZA EN TI MISMO...

...Y PRECISAMENTE PORQUE SÉ QUÉ TIPO DE PERSONA ERES EN REALIDAD, QUIERO DECIRTE LO QUE SIENTO, HABLARTE DE TODO EL EXTRAORDINARIO POTENCIAL QUE HAY EN TI Y QUE, DESDE MI PERSPECTIVA, TE HACE BRILLAR.

LA PRÓXIMA VEZ TE DIRÉ TODO ESTO Y PROBABLEMENTE EMPEZARÉ CONTÁNDOTE ESTA HISTORIA MUY ANTIGUA.

En la India, una leyenda muy antigua habla de una época en la que todos los hombres y mujeres eran dioses y diosas. Pero abusaban tanto de su poder que Brahma, el rey de los dioses, decidió despojarles de él. Para desafiar su paciencia y sabiduría, decidió esconder este poder en un lugar donde fuera imposible encontrarlo. Pero los dioses y diosas lo veían todo, así que la dificultad estribaba en realidad en encontrar ese escondite. Pidió entonces consejo a los más sabios de sus dioses consejeros.

El primero de ellos le sugirió: «Debes esconder el poder divino de hombres y mujeres en lo más profundo de la tierra».
Pero Brahma respondió: «Los hombres y las mujeres cavarán y lo encontrarán».
El segundo dios consejero sugirió: «Podríamos arrojar su poder divino a lo más profundo del mar».
Pero Brahma respondió: «No, porque llegará un día en que hombres y mujeres explorarán el fondo del mar, y cuando lo hagan, lo encontrarán».

A los dioses consejeros no se les ocurría ningún sitio en el que Brahma pudiera esconder el poder divino de los hombres y las mujeres, pues eran estos seres muy curiosos y decididos: «No sabemos dónde esconder este poder —confesaron a Brahma—, no parece haber lugar que a hombres y mujeres no se les ocurra explorar».

Entonces dijo Brahma: «Vamos a esconder la divinidad de los hombres y las mujeres en un lugar en el que nunca la encontrarán: la ocultaremos lo más profundo de sí mismos».

Cuenta la leyenda que, desde aquellos tiempos remotos, hombres y mujeres han dado la vuelta al mundo en busca de su poder divino. Han explorado el mundo e incluso la superficie de la Luna, han escalado las montañas más altas y se han sumergido en los mares y océanos más profundos, en busca de un tesoro que yace en lo más profundo de sí mismos[9].

*   *   *

Sofía acaba de conseguir un ascenso en su trabajo. Se siente contenta y orgullosa, porque todo el empeño y la energía que ha dedicado a la empresa durante los últimos años se han visto recompensados. Sin embargo, no todos sus compañeros ven las cosas de la misma manera. En lugar de compartir su felicidad y alegría, les consumen los celos y la envidia y empiezan a difundir rumores terribles sobre Sofía.

«Ha conseguido el puesto gracias a sus ojos bonitos. No me extrañaría que estuviera liada con el jefe... ¡Ascenso conseguido en la cama! ¡No tiene la titulación requerida! ¡Pero si apenas tiene experiencia! ¡No va a dar la talla! ¿Te acuerdas aquel día en que se equivocó? Pues ni siquiera la sancionaron». Alrededor de la máquina de café, cada comentario que se escucha es más hiriente que el anterior.

---

[9]   Historia inspirada en el libro *Discover the Power Within You*, de Butterworth (2000).

Sofía visita a su padre, anticuario, el fin de semana. Le cuenta que la acaban de ascender, pero su padre percibe de inmediato tanto la alegría como la tristeza y la amargura. Debería estar contenta y orgullosa y sentirse fuerte, pero en cambio parece más frágil. Así que le pregunta qué le pasa. Le cuenta entonces los ataques que ha sufrido desde que la ascendieron.

—Entiendo —dice el padre—. Estás contenta por tu ascenso, crees que te lo mereces, pero te duelen las reacciones de tus compañeros... y si la situación no cambia, es posible incluso que llegues a perder la confianza en ti misma... Si quieres, te propongo un experimento.
Sofía acepta porque confía ciegamente en su padre, que siempre le ha dado buenos consejos. Ella sabe que él siempre tiene buenas intenciones y que la quiere.

—Querida —le pidió su padre—, ¿podrías ir mañana por la mañana al mercado de antigüedades y vender este jarrón? Acabo de recuperarlo y me gustaría deshacerme de él. Ponlo en venta por 70 euros, por favor.
—¡70 euros! No parece mucho para este bonito jarrón —respondió Sofía.
—No te preocupes por eso. Yo ya he pagado un precio determinado por él y con eso que le saque me compensa. Te permitirá desarrollar tus dotes comerciales.
Al día siguiente, Sofía fue al mercado de antigüedades y se pasó toda la mañana intentando vender el jarrón. Desgraciadamente, nadie mostró interés.
Sofía se sintió muy decepcionada y fue a casa a contarle a su padre su experiencia. Su padre, sin añadir nada más, le dijo entonces: «Ahora, coge el jarrón y vete a ver a los cinco anticuarios que trabajan en esta zona. Pero esta vez, pregúntales cuánto están dispuestos a pagar por esa pieza. Solo pregunta el precio. No vendas el jarrón».
El primer anticuario le ofreció 400 euros, el segundo 500 euros... El quinto le ofreció 1000 euros.
Sofía estaba realmente sorprendida. No entendía qué estaba pasando. Volvió a casa y le contó a su padre su experiencia. Su padre le preguntó entonces: «En tu opinión, ¿por qué no pudiste vender este jarrón por 70 euros esta mañana?».

—Porque me dirigí a personas que desconocían el origen de este jarrón y que ignoraban su verdadero valor.

—¿Y por qué mis colegas anticuarios te ofrecieron tanto dinero por este jarrón?.

—Porque son expertos que conocen el valor exacto de la pieza. En seguida se dieron cuenta de que era muy valioso.

—Piensa ahora en tus compañeros. ¿Por qué les permites juzgar tu valor? ¿Acaso son expertos capaces de evaluar tus aptitudes y lo que puedes aportar a tu empresa?

—¡Claro que no! —respondió Sofía, algo temblorosa, pero mucho más tranquila al mismo tiempo.

—Querida mía, nunca dejes que tu corazón se resienta por los juicios de quienes no son expertos. Escucha solo las opiniones de profesionales o expertos en naturaleza humana y verás que tu valor es mucho mayor de lo que imaginas.

$$* \qquad * \qquad *$$

Un famoso conferenciante empezó una vez un seminario mostrando un billete de cien euros. Lanzó una pregunta al público:

«¿Quién quiere este billete?». Muchos levantaron la mano. Dijo entonces: «Voy a darle este billete de cien euros a alguno de los participantes, pero antes me gustaría hacer algo con él». Cogió el billete y lo arrugó. Y preguntó de nuevo:

«¿Todavía queréis este billete?».

Seguía habiendo el mismo número de personas con la mano levantada.

«Vale, ¿pero qué pasa si hago esto?».

Tiró al suelo el billete arrugado y lo pisoteó. Luego saltó sobre él hasta que el billete quedó irreconocible por lo arrugado y sucio que estaba.

Y preguntó de nuevo:

«¿Alguien sigue queriendo el billete?».

Y el mismo número de personas levantaron la mano.

«Queridos participantes, acaban de aprender algo muy impor-tante... Haga lo que haga con este billete, lo seguirán queriendo porque su valor no ha cambiado. No importa lo que le haga: sigue valiendo cien euros.

Piensen entonces en su vida. Habrá muchas ocasiones en las que se sentirán ofendidos, rechazados o ensuciados por personas o acontecimientos. Creerán entonces que no valen nada, pero en realidad, como sucede con este billete, su valor no habrá cambiado. El valor de una persona no viene determinado por lo que haya hecho o dejado de hacer. Siempre tendrá la posibilidad de volver a empezar y alcanzar sus objetivos, porque su valor siempre permanecerá intacto, pase lo que pase.

*   *   *

«El valor de un hombre no se mide por su dinero, su condición o sus posesiones, sino por su personalidad, su sabiduría, su creatividad, su valor, su independencia y su madurez».

Mark W. B. Brinton

*   *   *

Tienes un tesoro dentro de ti. Puede que aún no lo hayas descubierto, pero está ahí. Lo primero que tienes que hacer para encontrar o recuperar la confianza en ti mismo es descubrir este tesoro. Aprende a conocer tus valores, tus necesidades, tu personalidad y tus talentos. Una vez que los conozcas —y lo harás— sabrás quién eres y cuál es tu destino. Entonces, tu confianza en ti mismo será inquebrantable. Serás sólido como una roca.

*   *   *

«Hay tres cosas extremadamente duras: el acero, los diamantes y el conocimiento sobre uno mismo».

Benjamin Franklin

*   *   *

Tener confianza en uno mismo implica aceptar situaciones difíciles o incómodas, y es mucho más fácil aceptarlas cuando conoces los motivos. Si quieres tener confianza en ti mismo, recuerda la meta que te has fijado. Nunca la pierdas de vista. Es lo que te mantiene aferrado a la vida. Es lo que te sujeta e impide que sucumbas en el abismo si te caes. No pierdas de vista tu objetivo. ¡Dirígete a él sin titubeos!

*   *   *

«Ser honesto con uno mismo y con los demás sobre lo que uno es —o no es— capaz de hacer acaba con los sentimientos relacionados con la falta de confianza».

Dalai Lama

*   *   *

Es normal que, ante una situación difícil, te asalten sentimientos como el estrés, el miedo o un malestar general. Más que la situación en sí misma, son precisamente estas emociones y sensaciones las que te perturban y te agobian, así como tus pensamientos... No es nunca la situación de la que huyes, sino cómo te sientes al respecto. Por eso, si practicas la forma de hacer frente a contextos de este tipo, tus emociones, pensamientos y sensaciones se calmarán. La confianza en uno mismo se adquiere con la práctica.

*   *   *

Para practicar, puedes utilizar técnicas de visualización. Cierra los ojos y tómate tu tiempo para experimentar la situación a la que te vas a enfrentar. Deja que las emociones, los pensamientos y las sensaciones lleguen a ti... El cerebro confunde lo real con lo imaginario, así que entrenarse visualizando la situación es similar a experimentarla realmente. Ahora ya tienes una técnica para practicar. Gracias a la visualización, puedes entrenarte para experimentar cualquier situación.

*   *   *

«Primero hay que atreverse, luego hay que dosificarse».

Karine Viard

*   *   *

Cuando tengas que dar el paso y atreverte, recuerda cuando aprendiste a caminar. Eras muy pequeño y frágil y, sin embargo, te atreviste a ponerte de pie. ¿Y por qué te atreviste? Pues porque no tenías ninguna duda de que lo ibas a conseguir. Te ibas a caer, ibas a llorar, te ibas a hacer chichones en la cabeza y puede que hasta te despellejaras la rodilla, pero lo ibas a conseguir. Date cuenta de que eres capaz de hacer lo que te propongas, de que nada es imposible. Vuelve a conectar con esta idea y culminarás todos tus proyectos, porque puedes hacerlo.

*   *   *

Yes we can!

Barack Obama

*   *   *

El mundo se divide en tres territorios:

«La tierra del confort»

En este territorio, lo tienes todo bajo control, nada te inquieta. Conoces bien a las personas y las cosas que lo pueblan, estás habituado a esta interacción. Es fácil sentirse con confianza en este territorio, pero conduce al estancamiento y, además, es muy aburrido.

«La tierra del desafío»

Cuando penetras en este territorio, ya no lo controlas todo. Hay muchas cosas y personas nuevas. Tienes que tirar de recursos para adaptarte a esta novedad. La tierra del desafío ofrece un panorama a la vez desestabilizador y terriblemente emocionante.

«La tierra del peligro»

En este territorio, tienes poco o ningún control, por lo que es potencialmente peligroso. Si te aventuras en la tierra del peligro, tendrás que aprender y adaptarte a gran velocidad. Vivirás al límite, ¡pero tendrás que aguantar!

Aprende a salir de la tierra del confort con regularidad. Aventúrate en la tierra del desafío. Conseguirás así aumentar el territorio que dominas. De esta forma, cuanto mayor te hagas, más libre serás. Y si exploras todos los territorios, un día, al final de tu vida, no tendrás miedo de nada. Tendrás una confianza absoluta en ti mismo. Entonces serás capaz de entrar en el último territorio, sin vacilar. Cuando la muerte venga a visitarte, estarás tan tranquilo como cuando disfrutas de un café sentado al sol.

*   *   *

«La confianza en uno mismo es una conquista permanente sobre la imprevisibilidad de la vida. No se adquiere de una vez para siempre, sino que hay que recargarla, reconstruirla, confirmarla y lustrarla cada día, para poder hacer frente tanto a la naturaleza cambiante de nuestras vidas como a la irrupción de lo inaceptable».

Jacques Salomé

*   *   *

A estas alturas ya te conozco bien y lo que puedo decirte es que confío en ti. Sé que puedo contar contigo. Conozco tus virtudes, tus talentos... Si lo necesitas, solo tienes que pedírmelo y te diré todo lo bueno que pienso de ti. Mis palabras serán como un gran chute de energía. Te recargarán las pilas y te ayudarán a superar los obstáculos que te esperan en el camino de la vida. Aquí estoy. Aquí estamos. Confiamos en ti.

«No...»

CUANDO EMPEZAMOS A CONOCERNOS, ME DI CUENTA DE QUE A MENUDO DECÍAS «NO» A MUCHAS COSAS.

ESTO ES LO QUE ME HUBIERA GUSTADO DECIRTE... SI HUBIERA SIDO CAPAZ DE ENCONTRAR LAS PALABRAS PARA ABRIR TU CORAZÓN Y CONSEGUIR QUE DIJERAS «SÍ»...

...PROBABLEMENTE HABRÍA EMPEZADO CONTÁNDOTE LA HISTORIA DEL «HOMBRE-NO».

Érase una vez un hombre que llevaba una vida normal en la que no ocurría gran cosa. Trabajaba como banquero. Como tantos otros, se había divorciado de su mujer, con la que no tenía hijos porque no habían querido. Cada día de su vida era parecido al anterior, y sabía que sería parecido al siguiente. Cuando sus amigos le proponían hacer algo nuevo, siempre decía «no». Cuando el director de su empresa le ofrecía la posibilidad de cambiar de puesto, siempre decía «no». Cuando un cliente venía a pedir un préstamo, casi siempre decía que «no». Este hombre decía casi sistemáticamente «no» a todo.

Un día, mientras caminaba por la calle, vio a lo lejos a un viejo amigo. Para evitar este encuentro —le aburría encontrarse con viejos amigos—, dobló rápidamente la esquina, se metió en un callejón y entró en un edificio para esconderse. Lo que no sabía era que en ese edificio vivía un brujo que, en cuanto le vio, supo que aquel hombre estaba aquejado de la enfermedad del «no». Entonces, sin que el hombre se diera cuenta, le hechizó para que tuviera que decir «sí» a todas las proposiciones que le hicieran. Este poderoso conjuro le impediría pronunciar dos palabras: «no» y «pero...».

Al salir del edificio, el hombre se encontró con un mendigo que le pidió dinero. Por supuesto, quiso decir «no», como siempre, pero ningún sonido salió de su boca cuando intentó pronunciar la palabra. Solo pudo decir «sí», así que tuvo que sacar su cartera y darle dinero al mendigo. Una mujer que pasaba por la calle en ese momento se dirigió a él y le dijo: «me encanta que haya gente generosa en el mundo». Ella le dedicó una sonrisa y una mirada que fascinaron a nuestro protagonista, porque era una mujer muy hermosa. Entonces ella le propuso que la acompañara al día siguiente a prestar ayuda a los más desfavorecidos. De nuevo quiso decir «no», pero no pudo.

De camino a casa, recibió la llamada de un amigo que le ofrecía salir a tomar algo. Era miércoles y el hombre no tenía costumbre de salir entre semana, prefería descansar para estar en plenas condiciones en la oficina. Hacía falta mucha energía para decir «no» a todos sus clientes. Esta vez, no pudo. Tuvo que decir «sí». El resto de la noche fue una locura. Aceptó todas las copas que le ofrecieron y, una vez borracho, hizo todas las estupideces que le propusieron sus amigos... Sin miramientos de ningún tipo. Se despertó al día siguiente con un gran dolor de cabeza, pero no podía negar que había pasado una noche absolutamente memorable.

Estaba muy cansado, pero como había prometido ir a ayudar a la gente sin recursos, acudió a la asociación a la que le había invitado la mujer. Hasta entonces, había dicho «sí» a todas las solicitudes de préstamo de sus clientes, desde las más razonables hasta las más extravagantes. Por la tarde, trabajó durante varias horas distribuyendo ropa de abrigo y comida a las personas sin hogar. Fue una experiencia extraordinaria para él, que había olvidado el significado de la palabra «DAR». La mujer, que parecía sentirse muy atraída por él, le invitó a cenar el fin de semana siguiente y, aunque tuvo ganas de decir «no» porque temía que le rompieran el corazón, solo pudo decir «sí». Y así fueron pasando los días...

Unos meses después, se casó con la mujer que había conocido. Era una bellísima persona, muy amable y agradable, y acabó enamorándose de ella. Una noche, mientras cruzaba la calle sin mirar, un hombre le gritó «CUIDADO» y le empujó a la acera, esquivando así por los pelos un autobús que circulaba a toda velocidad por el bulevar. El hombre que acababa de salvarle no era otro que el mendigo al que había dado todo su dinero unos meses antes. Ese día compró el periódico y leyó un artículo sobre un inventor cuya empresa emergente valía ya varios millones de dólares. Reconoció a uno de sus excéntricos clientes al que había prestado una gran suma de dinero.

Al decir «sí» a la vida, ¡había cambiado el mundo![10]

*   *   *

Al aprender a decir «sí», aprendes a generar posibilidades, a crear oportunidades para ser feliz. Al decir «sí», invocas el poder beneficioso de la vida. En los cuentos todos los héroes tienen un hada madrina que cuida de ellos. Pues bien, cuando dices «sí», estás llamando a tu hada madrina para que cuide de ti y te colme de cosas positivas. Solo tienes que creer en ti mismo, en los demás y en el mundo, y verás cómo se abren todas las puertas.

*   *   *

La vida es como un dormitorio. En este dormitorio, hay una ventana que da a un bonito prado en el que hay un caballo. Puedes elegir disfrutar de la vista desde la calidez del interior, al abrigo del viento, el sol y la lluvia, o puedes abrir la ventana.... Puedes abrir la ventana, respirar hondo y sentir cómo el aire fresco penetra en lo más profundo de ti y llega hasta cada rincón de tu cuerpo. Y entonces sentir la libertad...

Impulsado por esta nueva energía, puedes saltar esa ventana, subir al tejado y descender agarrándote al canalón.... Puedes coger una flor y dar vueltas

---

[10]   Historia inspirada libremente en la película *Di que sí* (2008).

con los brazos extendidos como un niño jugando... Y también puedes ir a ese prado. Puedes correr detrás del caballo e incluso subirte a él y, con un ligero golpe de talón, decirle que salga al galope. ¿Adónde vas? Nadie lo sabe, ni tú mismo lo sabes. Pero con todo lo que ves, oyes y sientes te empuja a disfrutar de la aventura.

* * *

La vida es una aventura en la que constantemente se te hacen propuestas. Tienes la opción de decir «sí» o «no». Si dices «sí», estás eligiendo el descubrimiento, las novedades, los nuevos encuentros... Si dices «no», estás eligiendo el control, la protección y el repliegue. La vida es como un torrente de agua. Decir «no» es como intentar poner un dique en medio de la pendiente para contener el agua que fluye. Decir «sí» es como subirse a una balsa y dejarse llevar por la corriente.

* * *

«La respuesta es sí, pero ¿cuál es la pregunta?».

Woody Allen

* * *

La fortuna favorece a los que están preparados. Decir «sí» significa aceptar que te arrastre el torbellino de la vida... Cada vez que dices «no», levantas una cerca a tu alrededor. Generas un bloqueo. Aprende a eliminar esta palabra de tu vocabulario. Sustitúyela por «sí» y, eventualmente, por «sí, pero...» en caso de que quieras establecer ciertas condiciones. Esta actitud liberará las energías que te rodean, y tus familiares y amigos se atreverán a proponerte cosas nuevas.

* * *

¿Sabías que en China jamás se dice «no»? Decir «no» es perder prestigio, implica quedar mal ante el resto del grupo. Como no se dice «no», el desacuerdo se expresa de forma implícita, con sobreentendidos, para influir en la petición que se nos hace. De este modo, se puede llegar a un consenso sin provocar enfrentamientos que serían fatales para cualquiera de las partes. Esta costumbre preserva la armonía en las relaciones humanas.

*   *   *

Cada vez que digas «no», cuestiónatelo. Piensa por qué intentaste ir en contra de tu destino. ¿Fue porque no querías? ¿Fue porque tenías miedo? ¿Fue porque has hecho del «NO» tu respuesta mecánica? En tu mente, probablemente hay miedos y creencias que te impiden liberarte, soltar, dejarte llevar. Probablemente quieres controlarlo todo para que no ocurra nada perjudicial en tu vida, no quieres correr riesgos.

*   *   *

«Los niños no pueden aprender a andar si se niegan a caerse».

Anónimo

*   *   *

Un grupo de estudiantes está viendo las Siete Maravillas del Mundo en clase de geografía. El profesor les pide que hagan un listado con los elementos que, a su parecer, conforman este patrimonio universal. Salvo algunas excepciones, los alumnos escriben las siguientes respuestas en sus hojas:

1. Las pirámides de Egipto
2. La Gran Muralla China
3. El Taj Mahal
4. Las estatuas de la Isla de Pascua

5. Las pirámides de Chichén Itza de México
6. El Coliseo, de Roma
7. La Alhambra, de Granada

Mientras escucha las respuestas, el profesor se fija en una chica callada que aún no había empezado a elaborar su lista. Le preguntó si tenía alguna dificultad.

La chica respondió: «Sí, tengo que confesar que no consigo decidirme. Es que hay tantas...».
El profesor, intrigado, le pregunta: «Dime qué estás pensando y a lo mejor puedo ayudarte».
La chica vacila y luego empieza a escribir:

1. Ver
2. Oír
3. Tocar
4. Oler...

Sigue dudando y luego sigue con:

5. Correr
6. Reír
7. Querer

*   *   *

Y para ti, ¿cuáles son tus siete maravillas del mundo? ¿Qué quieres hacer? ¿A qué viaje, a qué proyecto, a qué descubrimiento, a qué placer quieres decir definitivamente «sí», sin preocuparte del «qué dirán», de las convenciones sociales o de cualquier regla tonta que aprendiste de memoria en la escuela o en alguna etapa anterior de tu vida? ¡Sé libre por fin! Y si eres libre, tendrás el poder de decir «sí». Y si dices «sí», la vida te sonreirá como un sol luminoso.

Verse envejecer

SÉ QUE PENSAR EN LA VEJEZ TE PREOCUPA Y TE ENTRISTECE. PERO SI ME LO PERMITES, ME GUSTARÍA COMPARTIR CONTIGO MI VISIÓN SOBRE ESTA CUESTIÓN...

DÉJAME DEMOSTRARTE QUE ENVEJECER ES REALMENTE UNA OPORTUNIDAD QUE LA VIDA NOS OFRECE, UN REGALO QUE TENEMOS QUE RECIBIR PORQUE NOS APORTA TANTOS BENEFICIOS...

PARA ELLO, PERMÍTEME QUE TE CUENTE ESTA INCREÍBLE HISTORIA.

En una noche de tormenta, una mujer yacía en su lecho de muerte y pidió a su sobrina que le leyera el periódico en voz alta. Ochenta años antes había nacido un niño con la apariencia y el cuerpo de un anciano. La madre del niño murió después de dar a luz y el padre lo abandonó en la puerta de una iglesia. Una pareja encontró al niño y decidió acogerlo y criarlo como si fuera su propio hijo.

El pequeño no aprendió a andar hasta los nueve años, y al principio de su vida solo podía utilizar una silla de ruedas, tras lo cual caminó con muletas. Tenía una cara muy extraña, con unas arrugas terribles, y sus huesos eran tan quebradizos como los de un anciano. El niño parecía sufrir una enfermedad grave. Tenía cara de centenario, pero curiosamente cada año que pasaba le hacía parecer un año más joven.

En su adolescencia, el joven se enamoró de una chica. Ella se sentía a la vez asustada e intrigada por este chico de aspecto extraño. No ocurrió nada entre ellos. Pero varios años más tarde, se reencontraron en el andén de una estación. La chica se había convertido en una hermosa joven y se quedó muy sorprendida al ver de nuevo a su antiguo amigo, que había cambiado mucho. Su aspecto ahora era el de un hombre de unos sesenta años.

Se despidieron en el andén de la estación. Diez años más tarde, volvieron a encontrarse por casualidad. Esta vez tenían la misma edad: cuarenta años. Se enamoraron, vivieron un apasionado romance, se casaron y tuvieron dos hijos. Pasó el tiempo, la mujer envejecía y el hombre rejuvenecía. Cuando ella tenía casi cincuenta años, él no aparentaba más de treinta. El joven se asustó y decidió huir.

Ella no volvió a encontrárselo hasta varios años después, cuando, ya septuagenaria, lo vio en un parque montando en bicicleta. El que aún era su marido y padre de sus dos hijos tenía ahora solo diez años. Tenía la madurez de un hombre, pero la cara de un preadolescente. El tiempo los había separado irremediablemente. Ella tenía edad suficiente para ser su abuela.

Este encuentro fue desgarrador, pero decidió acogerlo en su casa y cuidar de él. Pasaron los años y el niño siguió rejuveneciendo hasta convertirse en un chiquillo que andaba en pañales. Se ocupó de él mientras ella misma seguía envejeciendo. Cuando llegó a los 85 años, el niño tenía la edad de un bebé. Mientras lo sostenía en brazos, el angelito dejó de respirar y murió. Y con él se fue el hombre de su vida.[11]

*　　*　　*

Esta asombrosa historia puede llevarte a reflexionar sobre el paso del tiempo y el sentido de la vida. A veces nos invade la desesperanza cuando vemos en nosotros las marcas del tiempo, pero ¿y si la vida fuera en sentido contrario? Habrías nacido anciano y tu vida acabaría siendo un recién nacido. ¿Sería esto mejor? El paso del tiempo nos transforma, nos acerca o nos aleja. El paso del tiempo convierte a los niños que somos en adultos realizados antes de transformarnos en ancianos mustios y temblorosos. ¿No es algo bueno?

---

[11]. Historia inspirada libremente en la película *El curioso caso de Benjamin Button* (2008)

*   *   *

¿Sabías que en Japón se respeta mucho a los ancianos? Se les considera figuras sagradas. Me sorprendió mucho encontrarme la estatua de una anciana un día que iba paseando por las calles de Tokio. Era una benefactora que había hecho mucho por los pobres y los huérfanos de la ciudad. La verdad es que me sorprendió mucho su figura, porque en Occidente se representa siempre a las personas con la piel lisa, grandes músculos y una cara lustrosa. La vejez puede ser una edad en la que te admiren.

*   *   *

Un famoso biólogo[12] dijo una vez: «No sabemos si el hombre es una flor o una silla». Para este biólogo, la silla es eterna mientras tengamos cuidado de no dañarla y procuremos repararla cuando se estropee. La flor, casi a la inversa, ya lleva en sus genes el programa de su propia desaparición: está programada para morir. Si el ser humano fuera una flor, cabría la posibilidad de modificar su pasaporte genético para así alcanzar la inmortalidad.

*   *   *

Imagina tu vida si fueras inmortal. ¿Qué pasaría? Permanecerías eternamente joven y tendrías una cantidad infinita de tiempo por delante. A partir de cierta edad, ya no sufrirías ninguna transformación física. Solo tu alma seguiría evolucionando. Te parecerías a tus hijos. Pero, ¿tendrían hijos los seres humanos? ¿Querrían tenerlos? Y ¿sería esto posible, teniendo en cuenta que no habría suficiente espacio en esta tierra para albergar a todos los seres humanos? Si existiera la inmortalidad, probablemente nunca habrías nacido…

*   *   *

---

[12]   Jean Rostand (1894-1977).

Seguro que alguna vez en tu vida has subido a una montaña. Puede que fuera una montaña muy alta o simplemente una colina, da igual. Acuérdate. Mientras subías, tenías que hacer un gran esfuerzo porque la pendiente era muy pronunciada, aunque de vez en cuando podías pararte a respirar y admirar el paisaje, que era muy bonito. Seguro que ibas con amigos o con alguien de la familia, personas queridas y con las que pudiste charlar, quejarte y reírte del esfuerzo sobrehumano que estabas haciendo.

Y cuando llegaste a la cima de la montaña, ¡qué maravilla! Pudiste contemplar el paisaje a tu alrededor, verdaderamente impresionante, y disfrutar de la belleza del paisaje y del placer de poder darle al fin una tregua a tus músculos. Y todas las personas que habían subido estaban igual de contentas y satisfechas de la experiencia. Reinaba un ambiente de alegría y una profunda sensación de culminación en todo el pequeño grupo de senderistas.

Envejecer no es muy diferente de escalar una montaña. La vida es una sucesión de esfuerzos y de momentos de descanso, de encuentros, de momentos difíciles y de momentos de alegría. Envejecer significa tomar un camino y avanzar hacia nuevas sensaciones y nuevos paisajes. Envejecer significa crecer. Es escalar una montaña. Y cuando llegas a la cima, al final de tu vida: ¡guau! Puedes echar la vista atrás y recordar todo lo que has hecho. Tienes una montaña de recuerdos que contar y rememorar. Estás en paz.

La ventaja de envejecer sobre el senderismo es que, una vez alcanzada la cima, no necesitas emprender el descenso...

* . * *

Un día, el bufón del rey se volvió demasiado insolente. El rey, que era muy estricto con sus súbditos, le dijo:
«Mi querido bufón, te condeno a muerte por tu insolencia.... Pero como me has hecho reír tantas veces, te concedo el derecho de elegir cómo morirás. Dime cómo quieres poner fin a tus días y respetaré tu decisión».

¿Adivinas qué eligió el bufón para evitar la muerte?
El bufón respondió: «¡Entonces me pido morir de viejo!».

*   *   *

La vejez es una oportunidad: cuanto más tiempo pasa y más envejece el cuerpo, más crecen el alma y el espíritu. Cada día que pasa es un año ganado en experiencia, conocimiento y sabiduría. Envejecer es crecer. Alégrate de envejecer, porque cada año que pasa te hace más sabio y espiritual. Cada año que cumples te permite ser una persona mejor; así, tu valor personal aumenta con el paso de los días. Y al final, cuando estés en tu mejor momento, podrás marcharte orgulloso de lo lejos que has llegado.

*   *   *

Hay un grupo de personas a los que se conoce como «los hombres sin hijos». Estos hombres no aceptan el paso del tiempo. Quieren seguir siendo el centro de atención, dominar a los demás. Solo piensan en sus propios intereses. Estos hombres no tienen hijos porque se niegan a enseñar y a transmitir sus conocimientos a los jóvenes. No quieren compartir su poder, porque quieren conservar su posición para siempre. He visto a estos hombres sufrir terriblemente cuando se acercan a la vejez, porque no queda nada después de ellos.

*   *   *

Sigue la corriente natural de la vida. Aprende cuando seas joven, actúa cuando seas adulto y transmite cuando seas viejo. De este modo, ocuparás el lugar que te corresponde y, así, vivirás en armonía con el mundo que te rodea. Cada época tiene sus placeres. Aprender es una alegría, hacer es una alegría, transmitir es una alegría. Recuerda que la felicidad es el resultado de una decisión. Seas joven, maduro o viejo, serás feliz si has decidido ser feliz y si esa decisión es irrevocable.

*   *   *

«Uno empieza a envejecer cuando termina de aprender».

Proverbio japonés

*   *   *

Según una leyenda antigua, existe una fuente sagrada que permite mantener-se joven a quienes se bañan en ella. Si quieres vivir una vida larga y saludable, tú también debes encontrar tu fuente de la juventud. ¿Es una pasión lo que te impulsa, es un juego lo que te hace volver a sentir como un niño, es el amor lo que hace latir tu corazón y vibrar tu alma? Encuentra tu fuente de la juventud. Puede ser un lugar, una persona, un libro, una pieza musical, un plato o una actividad. Encuéntrala y acude a ella tan a menudo como puedas.

*   *   *

La juventud no es un periodo de la vida,
es un estado de ánimo, un efecto de la voluntad,
una cualidad de la imaginación, una intensidad emotiva,
una victoria de la valentía sobre la timidez,
del gusto por la aventura sobre el amor al confort.

No se hace uno viejo por haber vivido cierto número de años,
se hace uno viejo porque se ha desertado de su ideal.
Los años arrugan la piel, renunciar a los ideales arruga el alma.
Las preocupaciones, las dudas, los temores y las desesperanzas
son los enemigos que, lentamente, nos inclinan hacia la tierra
y nos convierten en polvo antes de morir.

*Joven es el que se asombra y maravilla. Pregunta
como el niño insaciable: ¿Y después? Desafía los acontecimientos
y encuentra alegría en el juego de la vida.
Sois tan joven como vuestra fe. Tan viejo como vuestras dudas.
Tan joven como la confianza que tenéis en vosotros mismos.
Tan joven como vuestra esperanza. Tan viejos como vuestro abatimiento.*

*Permaneceréis joven mientras permanezcáis receptivos.
Receptivos a lo que es bello, bueno y grande. Receptivos a los mensajes
de la naturaleza, del hombre y del infinito.
Si un día, vuestro corazón estuviese a punto de ser mordido
por el pesimismo
y roído por el cinismo, pueda Dios tener piedad de vuestra alma de viejo.*

General Mac Arthur

*   *   *

La juventud, como la felicidad, es el fruto de una decisión. Conozco a hombres y mujeres físicamente mayores que tienen más energía y empuje que veinteañeros. Comparto la convicción del General MacArthur. El encanto y la belleza se construyen más que se heredan. ¿Acaso no has conocido nunca a una persona que con la edad se vea mucho más atractiva? Es un hecho innegable. Así que ponte a construir.

*   *   *

«El miedo a envejecer deteriora más que el paso de los años».

Jeanne Moreau

*   *   *

J'aime les très vieux
assis à la fenêtre
qui regardent en souriant
le ciel perclus de nuages
et la lumière qui boite dans les rues de l'hiver

J'aime leur visage
aux mille rides
qui sont la mémoire de mille vies
qui font une vie d'homme

J'aime la main très vieille
qui caresse en tremblant
le front de l'enfant
comme l'arbre penché
effleure de ses branches
la clarté d'une rivière

J'aime chez les vieux
leur geste fragile et lent
qui tient chaque instant de la vie
comme une tasse de porcelaine

comme nous devrions faire nous aussi
à chaque instant
avec la vie
(Amo a los ancianos que,
sentados junto a la ventana,
sonríen al cielo cubierto de nubes
y a la luz mustia de las calles invernales.
Amo sus rostros
con sus mil arrugas,
el recuerdo de las mil vidas

que componen la vida de un hombre.
Amo la mano muy vieja
que acaricia temblorosa
la frente del niño
como el árbol inclinado
que roza con sus ramas
la luz de un río
Amo el gesto frágil y lento
de los ancianos
que sostienen cada instante de la vida
como una taza de porcelana,
como nosotros también deberíamos hacer
con la vida en cada momento.

Jean-Pierre Siméon
Éloge de la vieillesse (Elogio de la vejez)

*   *   *

Vamos a envejecer juntos. Compartimos este destino común, así que intentemos aprovecharlo al máximo. Seamos un ejemplo para nuestros hijos, para que puedan confiar en el futuro. Alegrémonos de este movimiento, como el agua fluye por la pendiente, sintámonos orgullosos de los esfuerzos realizados, de los retos asumidos y de las misiones cumplidas. Cada día, nuestra memoria se llena un poco más de recuerdos que son como tesoros que nos atrevemos a regalar.

*   *   *

Hier encore, j'avais vingt ans, je caressais le temps
J'ai joué de la vie
Comme on joue de l'amour et je vivais la nuit
Sans compter sur mes jours qui fuyaient dans le temps

J'ai fait tant de projets qui sont restés en l'air
J'ai fondé tant d'espoirs qui se sont envolés
Que je reste perdu, ne sachant où aller
Les yeux cherchant le ciel, mais le cœur mis en terre
Hier encore, j'avais vingt ans, je gaspillais le temps
En croyant l'arrêter
Et pour le retenir, même le devancer
Je n'ai fait que courir et me suis essoufflé
Ignorant le passé, conjuguant au futur
Je précédais de moi toute conversation
Et donnais mon avis que je voulais le bon
Pour critiquer le monde avec désinvolture
Hier encore, j'avais vingt ans mais j'ai perdu mon temps
À faire des folies
Qui me laissent au fond rien de vraiment précis
Que quelques rides au front et la peur de l'ennui
Car mes amours sont mortes avant que d'exister
Mes amis sont partis et ne reviendront pas
Par ma faute j'ai fait le vide autour de moi
Et j'ai gâché ma vie et mes jeunes années
Du meilleur et du pire en jetant le meilleur
J'ai figé mes sourires et j'ai glacé mes pleurs
Où sont-ils à présent ?
À présent
Mes vingt ans

En mi ayer, lejano ya
En cada amanecer gozaba el despertar
Vivía sin contar las horas que se van
Tenía juventud y ganas de cantar
El tiempo se llevó los sueños que forjé
En ruinas convirtió las torres que elevé
Negándome la luz y el fuego de mi fe

Cegando sin piedad la ilusión que sembré
En mi ayer la vanidad
Me hacía malgastar mi alegre juventud
Estaba confundido y hasta me creí
Que el ritmo del reloj era más lento para mí
Andaba sin volver la vista para atrás
Mi lema era vencer y nunca claudicar
Seguía los dictados de mi corazón
Mi sola voluntad, primero y siempre yo
El ayer lejano está

Yo pienso que tal vez, no supe aprovechar
El tiempo que se fue, los años que perdí
Vacío y soledad tan solo queda en mí
La llama del amor he visto consumir
Mi última amistad se niega a proseguir
No sé por dónde andar, no tengo a dónde ir
Ni mano que estrechar, ni puerta en que pedir
Hoy todo terminó, que lejos queda ya
La fe en el porvenir y en la felicidad
Recuerdos del ayer, ardiente juventud
Que ya se fue

Charles Aznavour, «Ayer aún», 1964

Separarse

CUANDO TE VI, ACABABAS DE SEPARARTE DE ALGUIEN QUE HABÍA SIGNIFICADO MUCHO PARA TI... ESTABAS TRISTE Y ANGUSTIADO...

ESTO ES LO QUE ME HUBIERA GUSTADO DECIRTE... SI HUBIERA TENIDO MÁS TIEMPO PARA HABLARTE DE ESTA SEPARACIÓN...

...PROBABLEMENTE HABRÍA EMPEZADO CONTÁNDOTE ESTA HISTORIA

Érase una vez un niño que aún no había nacido. Amaba tanto a su madre que, en el momento del parto, rogó a Dios que le permitiera quedarse a vivir en su vientre. Alzó la mirada y dijo:

—Dios, no quiero separarme de mi madre. La amo. Siento lo que ella siente. Como lo que ella come. Bebo lo que ella bebe. Quisiera que me concedieras quedarme a vivir en su vientre, unido a ella para siempre.

Dios, conmovido por las peticiones del niño, se rio a carcajadas:
—Tienes miedo de separarte —le dijo— y quieres quedarte en su vientre toda la vida...
—Sí, ¡eso es lo que quiero! —repitió el niño.
—Tu deseo ha sido concedido —dijo Dios.
El niño saboreó su victoria y siguió viviendo en el vientre de su madre. Pero la naturaleza se encargó de que siguiera aumentando su tamaño: los brazos, la cabeza y las piernas eran cada vez más grandes, pero la bolsa de líquido amniótico que lo protegía se había quedado igual. Al principio, pudo encorvarse y más o menos se apañaba en el poco espacio que quedaba, pero pronto la situación se hizo insostenible. Estaba apretado, no quedaba nada de espacio. Quería salir, pero el paso era ahora

demasiado estrecho. Mientras tanto, su madre sufría terribles dolores de vientre.

Sin la ayuda de un médico, que tuvo que intervenir quirúrgicamente a la madre, tanto ella como el niño habrían muerto.

Muchos años después, el niño ya adulto recordaba aquel momento: «Separarse es vivir» —murmuró, sirviendo una taza de té a su madre, a la que seguía visitando cada uno de los días de su vida.

$$*\qquad*\qquad*$$

«La vida comienza con una separación y un encuentro».

Anónimo

$$*\qquad*\qquad*$$

Hoy te enfrentas a una separación. Alguien a quien quieres se ha alejado de ti a una distancia que te resulta difícil de soportar. Te está doliendo. Lo comprendo. Yo mismo he vivido separaciones desgarradoras y sé cuánto duelen. Si quieres, puedo ayudarte a comprender mejor lo que está pasando dentro de ti. De esta manera, descubrirás una nueva forma de ver las cosas. Y tal vez le des un nuevo sentido a esta separación.

$$*\qquad*\qquad*$$

La separación es la consecuencia del crecimiento de tu ser interior. Esto es exactamente lo que ocurre cuando un niño nace y se convierte en adulto. No paras de crecer interiormente y de transformarte para convertirte en un nuevo ser. Y esto conlleva el distanciamiento de ciertos lugares, ciertos hábitos y ciertas personas. Durante toda tu vida, si dejas que tu ser interior crezca, tendrás que afrontar separaciones. Cada separación será sinónimo de crecimiento y desarrollo interior.

*   *   *

Érase una vez tres bellotas. Estas tres bellotas eran hijas de la misma rama del mismo roble, por lo que cayeron en el mismo lugar. Rebosaban vida, así que en cuanto llovió brotaron y enterraron sus raíces en lo más profundo de la tierra. En el claro junto al gran roble, padre de todas las bellotas, aparecieron así tres brotes jóvenes, luego tres arbolillos. Los tres arbolillos eran casi idénticos, salvo por una diferencia: uno de ellos era medio centímetro más alto.

Los tres arbolillos crecieron al abrigo del gran roble. Al principio, nadie prestó demasiada atención a esta diferencia de medio centímetro. Sin embargo, debido a su tamaño, el mayor de los tres arbustos recibía más luz que sus dos hermanos, por lo que crecía más rápido. Al principio no se notaba mucho, pero a los tres años era treinta centímetros más alto y a los diez más de dos metros, por lo que sus hojas empezaron a ocultar el sol a sus hermanos.

Cuanto más tiempo pasaba, más luz recibía él y menos sus hermanos. Sintió pena por ellos, pero siguió alejándose cada vez más sin poder hacer nada al respecto, porque su naturaleza lo empujaba a crecer y seguir subiendo en busca de luz. Al cabo de unos años, sus dos hermanos empezaron a marchitarse. Privados de luz, no pudieron desarrollarse, se volvieron más frágiles y sufrieron enfermedades y el ataque de los animales, de modo que un invierno murieron.

El gran roble estaba muy triste, pero no le quedaba más remedio que afrontar la realidad: ¡eran cosas de la vida! Le había tocado ser una de las raras bellotas que llegaban convertirse en roble. Ahora tenía que desempeñar su papel en el bosque. Los pájaros habían anidado en sus ramas. En verano, daba sombra a los senderistas. Protegía a las plantas y a los árboles del viento y muchas especies vivían a sus pies. Tenía que seguir su destino. La separación no era triste, ni tampoco la muerte; es solo el resultado de la vida, que implica crecimiento y muerte.

* * *

«Vivir es una tortura porque vivir separa».

Albert Camus

* * *

Cada vez que te separes de alguien, alégrate, porque significa que estás creciendo. El día que te separas de tus padres es el día en que te conviertes en adulto, independiente y libre. El día que te separas de un amigo es el día en que eliges tu camino y reafirmas tu personalidad. El día que te separas de tu pareja significa que habéis tomado caminos distintos en la vida y que, para ser vosotros mismos, habéis decidido seguir cada uno por su lado. La separación es fruto del deseo de ser uno mismo.

La vida es un largo e ininterrumpido proceso de crecimiento. En la juventud, domina el crecimiento físico. En la edad adulta, domina el crecimiento psicológico. Entre medias, el ser humano crece. Su yo se reafirma, se libera de las convenciones, expresa sus expectativas y necesidades, aprende a decir no... Este crecimiento se compone de liberaciones y rupturas. Cada ruptura es un paso más en la consolidación de tu personalidad. Aquellos que nunca rompen permanecen prisioneros de su pasado y de una identidad acordada.

* * *

«La labor de un padre es saber separarse de sus hijos».

Marcel Rufo

* * *

Lo más importante cuando dos personas se separan es no hacerse daño. Rara vez dos personas se dan cuenta de que están en plena transformación y de que la ruptura es necesaria. Muy a menudo, se toman la separación como un rechazo, un desamor o un desprecio. Pero no es así. Si nos separamos, es porque es necesario para nuestra propia felicidad y realización. Cuando nos hacemos daño, es porque no somos capaces de darnos cuenta de que ya no podemos seguir viviendo juntos.

* * *

«*Una encuentro es solo el principio de una separación*».

Proverbio japonés

* * *

Entre amigos, las separaciones son solo temporales. Hay veces en que se está muy cerca y luego se está muy lejos y después se vuelve a estar más cerca. A veces se pierde el contacto durante varios meses o años y después se produce un reencuentro y el consiguiente redescubrimiento. Todo se vuelve novedoso y se enriquece con experiencias vividas, que se comparten y se cuentan en un clima de felicidad. Se celebra, a menudo se bebe más de lo debido, se rememora el pasado y todo culmina en una nueva despedida…

* * *

…Buvons encore une dernière fois
À l'amitié, l'amour, la joie
On a fêté nos retrouvailles
Ça m'fait d'la peine, mais il faut que je m'en aille…
(…Brindemos una última vez
Por la amistad, el amor y la alegría

Hemos celebrado nuestro reencuentro
Lo siento, pero tengo que irme...)

Graeme Allwright, «Il faut que je m'en aille» (*Tengo que irme*), 1966

*   *   *

En el amor, la separación es una promesa. La separación aviva el fuego de la pasión. Qué sensación la de besarse los labios en el andén de una estación o bajar del avión en busca de la persona amada... poder por fin abrazarse, tocar su piel, sentir su calor, besar sus mejillas, mirarse a los ojos, hacer el amor toda la noche ebrios de alegría y de la felicidad de reencontrarse después de días tan largos como la eternidad... Son emociones únicas, intensas, orgásmicas... que pagamos con el precio de la separación.

*   *   *

«Encontrarse tras una larga separación es más agradable que una noche de bodas».

Proverbio chino

*   *   *

También está la separación de las parejas que se han amado, que suele ser dolorosa al menos para uno de los dos miembros, aún enamorado y apegado, mientras el otro se va... Para el que aún ama, esta herida tendrá que cicatrizar. Si este es tu caso, tienes derecho a estar triste y a llorar. Tienes derecho a escuchar canciones que te hablen del pasado y a embriagarte de nostalgia. Y cuando te hayas hartado, levántate y vive, porque dentro de ti, la vida renace con fuerza.

*   *   *

...On a vu souvent
Rejaillir le feu
D'un ancien volcan
Qu'on croyait trop vieux
Il est, paraît-il
Des terres brûlées
Donnant plus de blé
Qu'un meilleur avril
Et quand vient le soir
Pour qu'un ciel flamboie
Le rouge et le noir ne s'épousent-ils pas ?
Ne me quitte pas
Ne me quitte pas
Ne me quitte pas
Ne me quitte pas...

(A menudo se ha visto resurgir el fuego
Del antiguo volcán
Que se creía demasiado viejo.
Hay tierras que parecen quemadas
Dando más trigo que el mejor abril.
Y cuando cae la tarde
Para que el cielo brille,
¿El rojo y el negro no se unen?
No me abandones)

Jacques Brel, «Ne me quitte pas» (*No me abandones*), 1966

*   *   *

Y luego está la separación en la familia: ese momento en que los hijos crecen y se van de esa casa que antes llenaban de risas y discusiones, dejando el lugar un poco vacío y silencioso... Alegrémonos de verlos alzar el vuelo, convertirse en hombres y mujeres realizados y aprovechemos para vivir una segunda juventud... revisitar amores o amigos del pasado, conocer gente nueva y vivir nuevas aventuras. Dejemos que los niños alcen el vuelo, ¡y volvamos a alzar el nuestro!

*   *   *

Mes chers parents je pars
Je vous aime mais je pars
Vous n'aurez plus d'enfants
Ce soir

Je ne m'enfuis pas je vole
Comprenez bien je vole
Sans fumée, sans alcool
Je vole, je vole

Elle m'observait hier
Soucieuse, troublée, ma mère
Comme si elle le sentait
En fait elle se doutait
Entendait

J'ai dit que j'étais bien
Tout à fait l'air serein
Elle a fait comme de rien
Et mon père démuni
A souri

Ne pas se retourner
S'éloigner un peu plus
Il y a à Gard une autre gare
Et enfin l'Atlantique

Mes chers parents je pars
Je vous aime mais je pars
Vous n'aurez plus d'enfants
Ce soir
Je ne m'enfuis pas je vole…

Comprenez bien je vole
Sans fumée, sans alcool
Je vole, je vole

(Queridos papás, me voy.
Os amo, pero me voy.
Os quedaréis sin hija esta noche.
No huyo sino que emprendo mi primer vuelo.
Entended bien: emprendo mi primer vuelo.
Sin cigarrillos ni alcohol.
Emprendo mi primer vuelo...Ayer mi madre me observaba
preocupada y perturbada, como si lo presintiera,
como si lo sospechara; algo habría escuchado.

Le dije serenamente que estaba bien.
Ella actuó como si nada;
y mi padre sin saber qué decir, sonrió.

No debo echarme para atrás.
Debo alejarme un poco más.
Pasaré de una estación de tren a otra,
y finalmente cruzaré el Atlántico.

Queridos papás, me voy.
Os amo, pero me voy.
Os quedaréis sin hija esta noche.

No huyo sino que emprendo mi primer vuelo.
Entended bien: emprendo mi primer vuelo.
Sin cigarrillos ni alcohol.
Emprendo mi primer vuelo...)

Michel Sardou, «Je vole» (*Vuelo*), 1978

Tomar una decisión importante

CUANDO TE VI, TENÍAS QUE TOMAR UNA DECISIÓN IMPORTANTE...
TEMÍAS EQUIVOCARTE.

ESTO ES LO QUE ME HUBIERA GUSTADO DECIRTE... PARA DARTE LAS
HERRAMIENTAS QUE TE PERMITAN TOMAR LA DECISIÓN QUE TE HAGA FELIZ...

...PROBABLEMENTE HABRÍA EMPEZADO CONTÁNDOTE ESTA HISTORIA.

Esta historia comienza cuando una joven pareja decidió que era hora de mudarse a un nuevo apartamento. Los jóvenes habían comprado un piso en una residencia de nueva construcción compuesta por doce pisos idénticos con balcón. Todo su dinero estaba invertido en esta compra, por lo que, a la hora de decorar, disponían de medios bastante limitados. No obstante, decidieron cubrir las paredes de su salón con papel pintado.

Como no tenían experiencia en el campo de la decoración y la ambientación de interiores, decidieron pedir consejo a su vecino, que también había decidido empapelar: «¡Hola! Hemos visto que acaba de poner papel pintado. Nosotros queremos hacer lo mismo. ¿Cuántos rollos ha comprado?». «Nueve», respondió el vecino.

Al día siguiente, la joven pareja fue a una tienda de bricolaje y compró nueve rollos de papel pintado. Se pasaron todo el fin de semana colocándolo y, cuando terminaron, se dieron cuenta de que les sobraban cuatro rollos enteros. Les fastidiaba haber perdido dinero comprando esos rollos que ahora no servían para nada. Estaban molestos con su vecino por haberles dado una indicación equivocada.

Al día siguiente, se encontraron con él en el ascensor. «¡Buenas! Nos dijo que había comprado nueve rollos de papel pintado para el salón. Seguimos su consejo y compramos nueve también. ¡Pero nos han sobrado cuatro!». A lo que el vecino respondió: «¡Vaya! ¡A vosotros también![13]».

*   *   *

Cuando quieras tomar una decisión, sobre todo una importante, no te fíes de los consejos de los demás. Otra persona no tendrá la misma visión de la vida que tú, ni las mismas expectativas, ni la misma personalidad. También es probable que lo que te aconsejen sea más un reflejo de lo que ellos harían si estuvieran en tu lugar que de lo que tú deberías hacer. Si sigues sus consejos, corres el riesgo de tomar una decisión que sería buena para ellos, pero no para ti.

Si estás planeando un viaje y preguntas a alguien qué visitar en un país, lo más probable es que te aconseje ir a un museo si le gusta contemplar cuadros, salir de excursión por la naturaleza si le gusta el senderismo y visitar un monumento si le gusta la historia. Los consejos que te da la gente solo reflejan lo que les gusta y lo que no, y te dicen más sobre ellos que sobre la decisión correcta para ti.

*   *   *

Érase una vez una mujer que había nacido en las islas. Su madre era una mujer gruñona que bebía mucho alcohol. Sus hermanas eran analfabetas y se pasaban el tiempo haciendo travesuras. Ella era la única que era seria y trabajaba duro en la escuela.

Durante toda su vida cuidó de su madre y de sus hermanas, de las que se sentía responsable. Tenía miedo de que les pasara algo malo, así que dedicaba

---

[13]   Historia traducida del libro *Manager, un véritable jeu avec la PNL* (2002).

todo su tiempo y su dinero a ayudar a su madre y a sus hermanas, que no tenían el mejor comportamiento.

Era infeliz porque aunque tenía un buen trabajo y se ganaba bien la vida, nunca había podido hacer lo que realmente le gustaba. Así que un día fue a ver a un psicólogo para que la ayudara a mejorar su situación.

El psicólogo la escuchó y luego abrió uno de los cajones de su escritorio. Sacó dos pequeños aparatos de hierro que resultaron ser dos brújulas. Los puso delante de ella para que pudiera verlos bien y le dijo:

«La aguja de la primera brújula siempre apunta hacia el 'sacrificio personal'. Si sigues esta aguja, siempre harás lo necesario para ser 'normal', respetar las convenciones sociales y asumir el papel que los demás quieren que desempeñes.

La aguja de la segunda brújula siempre apunta hacia la 'felicidad'. Si sigues esta aguja, siempre harás todo lo posible por vivir una vida que esté en sintonía con lo que eres en el fondo de tu ser.

¿Qué brújula quieres seguir ahora?».

¿Qué brújula crees que eligió seguir esta mujer?

Pues la brújula de las convenciones sociales. Le asustaba demasiado el hecho de que la juzgaran y la consideraran una mala madre por no cuidar bien a su hijo, una mala hija por no atender bien a su madre y una mala hermana por no ayudar a sus hermanas. Sin embargo, ninguna de estas tres personas le había hecho nunca ningún bien ni le había proporcionado ninguna felicidad.

Si hubiera elegido la brújula de la felicidad, se habría convertido en un ejemplo para su hijo, su madre y sus hermanas, el ejemplo de una persona que triunfa en la vida. Les habría obligado a asumir sus propias responsabilidades. Porque cada uno, incluidos los niños, es dueño de su vida. A cada uno nos corresponde tomar decisiones, elegir nuestros modelos de conducta, tomar un camino. No somos responsables de lo que les ocurre a los demás. No tenemos poder sobre sus vidas, ni siquiera sobre las de nuestros hijos.

*   *   *

¿Qué brújula quieres seguir? ¿Quieres seguir la brújula de las convenciones sociales y ser alguien «normal» o quieres quitarte la máscara y ser tú mismo? ¿Estás dispuesto a pagar el precio? Hablamos de soportar que cuestionen tus ventajas adquiridas, tu condición y tu valor dentro de la sociedad. Seguir la brújula de la felicidad es embarcarse en una nueva forma de evaluar la vida, ya no en términos de éxito y estatus, sino de bienestar y realización personal.

*   *   *

Cuando tengas que tomar una decisión importante, recuerda las respuestas que ya has dado a estas cuatro preguntas:

- ¿Cuáles son mis valores?
- ¿Cuáles son mis necesidades?
- ¿Cuál es mi personalidad más profunda?
- ¿Cuáles son mis talentos?

Elige siempre la decisión que más se acerque a tus valores, que te permita satisfacer tus necesidades, que esté en consonancia con tu personalidad más profunda y que te permita recurrir a tus talentos. Para tomar buenas decisiones, primero tienes que conocerte bien a ti mismo.

*   *   *

«Y lo más importante, tened el valor de seguir a vuestro corazón y a vuestra intuición, porque de alguna manera ya saben lo que realmente queréis llegar a ser. Todo lo demás es secundario».

Steve Jobs, discurso en Stanford, 2005

*   *   *

¿Sabes qué es lo que más puede ayudarte a tomar decisiones correctas? Tu intuición. La intuición es una percepción que no es racional ni se basa en la lógica. La intuición es la inteligencia del corazón. Cuando empiezas a pensar, tu inconsciente ya ha analizado todos los parámetros de la situación y te ha dado a conocer su decisión en forma de intuición. Tu mente inconsciente siempre está pensando en protegerte y conseguir para tu vida lo mejor, así que ¡escúchala!

*   *   *

«La intuición es una visión del corazón en las tinieblas».

André Suarès

*   *   *

«La lógica, la única que puede dar certeza, es el instrumento de la demostración; la intuición es el instrumento de la invención».

Henri Poincaré

*   *   *

No puedes conocer todas las consecuencias de tus decisiones. El destino es impenetrable. Puedes pensar que una decisión tendrá consecuencias positivas y que luego ocurra lo contrario. Lo único de lo que puedes estar seguro es de tu capacidad para asegurarte de que la decisión que has tomado es la correcta. Toma tu decisión rápidamente y luego actúa para asegurarte de que es la correcta. Así es como la decisión que has tomado se convertirá realmente en el buen camino.

$$\star \qquad \star \qquad \star$$

«*Cuando alguien toma una decisión, se está dirigiendo hacia una fuerte corriente que lo llevará a lugares que nunca soñó cuando tomó la decisión*».

Paulo Coelho, *El alquimista*

Sufrir mala suerte

DE CAMINO A CASA, PENSÉ EN LO QUE NOS DIJIMOS... Y QUIERO QUE SEPAS QUE TE ENTIENDO...

HAS TENIDO TAN MALA SUERTE QUE CREES QUE ESTÁS «MALDITO»...

EN ESE MOMENTO, NO ENCONTRÉ LAS PALABRAS PARA TRANQUILIZARTE... PERO ESTO ES LO QUE ME HUBIERA GUSTADO DECIRTE PARA DEMOSTRARTE QUE LAS COSAS NO SON SIEMPRE LO QUE PARECEN...

...Y PROBABLEMENTE HABRÍA EMPEZADO CONTÁNDOTE ESTA SORPRENDENTE HISTORIA.

Un barco naufragó en un arrecife en medio del océano, y el único superviviente consiguió nadar hasta una pequeña isla desierta alejada de las rutas marítimas. Todos los días rezaba para que alguien le rescatara, se sentaba en la roca más alta de la isla y se pasaba el día observando el horizonte. Pero nunca veía pasar ningún barco.

Para protegerse del calor del sol durante el día y del frío por la noche, construyó una pequeña cabaña con ramas. Estaba muy orgulloso de su cabaña porque era sólida y le ofrecía refugio. Le daba la sensación de tener un hogar en una isla poblada solo por animales salvajes.

Pocos días después, cuando regresaba de una jornada de caza, vio humo. Era su cabaña la que ardía. La prolongada acción del sol sobre el cristal roto de una botella provocó que prendieran las ramas de las palmeras secas. El hombre cayó de rodillas, desesperado, y lloró y lloró y lloró...,. Pasó la noche lamentándose de su suerte y preguntándose por qué le había ocurrido esa desgracia. No era suficiente haber naufragado, sino que además tenía que perder su cabaña en un incendio, junto con las únicas cosas que había conseguido poner a salvo del barco y con las que contaba para sobrevivir.

Agotado por la pena y la rabia, y aturdido por el frío de la noche que había caído, acabó por dormirse en la playa. A la mañana siguiente, muy temprano, le despertó una sirena de niebla. Se frotó los ojos y vio, como en un sueño, la silueta de un barco anclado mar adentro y una lancha que se tiraba por la borda.

Cuando estuvo en el barco, le preguntó al capitán: «¿Cómo sabía que estaba aquí? El capitán, asombrado, le contestó: ¡Pues porque vimos sus señales de humo[14]!».

*   *   *

Una vieja criadora de caballos poseía una hermosa yegua con la que araba sus campos. Un día, la yegua desapareció. Se había escapado de su recinto durante la noche. Todos los aldeanos acudieron a verla y se compadecieron de ella. Pero ella respondió: «¿Es buena o mala suerte? No sabría decirlo».

Siete días después, la yegua reapareció, seguida de un magnífico semental que le daría hermosos potros. La mujer podría reanudar su cría y ganar algo de dinero. Los aldeanos fueron a verla para felicitarla. Pero ella respondió: «¿Es buena o mala suerte? No sabría decirlo».

El hijo de la criadora intentó montar y adiestrar al semental, pero era un animal especialmente salvaje y al hacerlo se cayó de mala manera y se rompió una pierna. Todos los aldeanos acudieron a verla y se compadecieron de ella. De nuevo, respondió: «¿Es buena o mala suerte? No sabría decirlo».

---

[14] Historia adaptada libremente de *Pour le cœur et pour l'esprit* (2011).

Un mes más tarde, un representante del ejército se presentó en el pueblo para reclutar soldados. El país acababa de entrar en guerra y todos los jóvenes que gozaban de buena salud fueron requeridos para ir al frente. Como tenía la pierna rota, el hijo de la criadora se libró y no fue a la guerra.

La mujer se dijo entonces: «¿Es buena o mala suerte? No sabría decirlo».

*   *   *

Es propio de la naturaleza humana evaluar los acontecimientos que ocurren en nuestra vida cotidiana, pero no tenemos el poder de preverlo ni de controlarlo todo. Ante los avatares de la vida, tengamos cuidado de no sacar conclusiones precipitadas. Con el tiempo, nuestra visión se agudiza, nuestro juicio se afina y pueden entrar en juego nuevos elementos que contradigan nuestras impresiones iniciales. Por eso puede parecer que ciertos acontecimientos anuncian dificultades insuperables, cuando en realidad son excelentes oportunidades.

*   *   *

¿Conoces la ley de la tostada de mantequilla? Esta ley es una aplicación de la Ley de Murphy, que postula que «si algo puede salir mal, saldrá mal». Su aplicación a la tostada de mantequilla se traduce en que si esta se te cae al suelo, lo hará sistemáticamente por el lado de la mantequilla... con la consiguiente mancha en el suelo y la lástima de tener que tirar la tostada a la basura...

En realidad, esta ley es falsa: ha habido expertos que la han estudiado y han concluido que en 300 «caídas de tostada de mantequilla», esta cae 148 veces por el lado untado con mantequilla y 152 veces por el lado sin mantequilla. En realidad, que la tostada caiga o no por el lado de la mantequilla depende de multitud de parámetros, entre ellos la altura de la mesa, que puede permitirle o no dar media vuelta o una vuelta completa, según las condiciones.

Y que sea o no una faena también depende de lo limpio que esté el suelo en cuestión...

La propia Ley de Murphy puede dar pie además a una concatenación de desgracias. Podríamos decir que, cuando algo va mal, siempre ocurre algo peor. En resumen, ten cuidado: si se te cae la tostada de mantequilla, puede que caiga del lado de la mantequilla y que, en un descuido, te resbales con la mantequilla del suelo, que te caigas y que te rompas una pierna... Afortunadamente, la inteligencia puede ayudarte a evitar este tipo de desgracias...

*   *   *

La buena o la mala suerte no es una cuestión de azar, sino que depende sobre todo de las actitudes de cada uno. Por ejemplo, las personas en permanente conflicto con los demás suelen ser tipos enfadados, orgullosos o intransigentes. Se quejan de tener que lidiar con problemas todos los días que, de hecho, ellos mismos contribuyen a crear. Están llamando así a la mala suerte. Un simple cambio de actitud podría colmar de nuevo sus relaciones de buena suerte.

*   *   *

«Locura es hacer lo mismo una y otra vez y esperar resultados diferentes».

Albert Einstein

*   *   *

Si te pasa una y otra vez lo mismo y piensas que la mala suerte te acompaña allá donde vas, cuestiona tu manera de elegir y de actuar. Tal vez estés tomando decisiones equivocadas y siguiendo planteamientos erróneos, que siempre te traerán los mismos problemas. Esto ocurre muy a menudo en el amor o en la esfera profesional. Las mismas causas producen los mismos efectos. Cambiando las causas, también puedes cambiar las consecuencias y ¡devolver la suerte a tu vida!

*   *   *

«Nos guste o no, la vida que llevamos hoy es el producto de todas las elecciones que hemos hecho, ¡o que nos hemos negado a hacer!».

Philippe Gabilliet

*   *   *

«Siempre he confiado en los sueños premonitorios» —dice un jugador empedernido—. Un día, en un sueño, vi un purasangre cuyo jockey llevaba el número 7 en la casaca.
Cuando me desperté, vi que eran exactamente las 7:07 de la mañana y que era el día 7 del mes.
Leyendo el periódico, me enteré de que en la séptima carrera debía correr un caballo llamado *Siete Enanitos*. Saqué todo mi dinero y aposté 7.000 euros por ese caballo».
«Ah, sí, ¿y terminó primero?»
«No. Séptimo...».

*   *   *

Si crees que tienes mala suerte, lee estas siete historias reales:

En diciembre de 2012, en un pueblo español llamado Sodeto, todos los vecinos jugaron al mismo número en Navidad y les cayó el gordo: 900 millones de euros a repartir. Todos los vecinos se hicieron ricos. ¿Todos? No, hubo uno, Costis Mitsotakis, que no había comprado ningún billete, pues los organizadores de la operación se olvidaron de contar con él.

El 6 de agosto de 1945, Tsutomu Yamaguchi debía acudir a Hiroshima. La primera bomba atómica explotó mientras estaba en el tranvia, y perdió parte del oído y la vista. Regresó entonces a su casa en Nagasaki, donde estalló la segunda bomba atómica. Tsutomu Yamaguchi sobrevivió a dos bombas atómicas. Murió a los 93 años.

Roy Sullivan es guardabosques. Este *ranger* estadounidense fue alcanzado por un rayo siete veces entre 1942 y 1977, y sobrevivió en todas las ocasiones.

Erik Norrie atrae a la mala suerte. Le atacó un tiburón y perdió parte de la pierna. Antes de eso, ya le había alcanzado un rayo, le había mordido una serpiente venenosa y había sufrido el ataque de unos monos.

Selak es un profesor croata. En 1962, sobrevivió al descarrilamiento de un tren que acabó sumergido en un río. Unos años más tarde, el avión que había tomado para abandonar Croacia se estrelló. En el accidente murieron 19 personas, pero él se salvó. Tres años después, el autobús en el que viajaba cayó a un río, y murieron cuatro personas. En 1970, su coche explotó tras un accidente, pero él había conseguido escapar del habitáculo justo antes. En 1973, otro de sus coches explotó. Perdió toda su cabellera, pero no la vida. Después, en 1993, cayó bajo las ruedas de un autobús... También sobrevivió a ese accidente.

Ann Hodge, una mujer estadounidense de treinta años residente en Alabama, vio cómo un meteorito destruía su casa en 1954. Hoy en día, es la única persona que ha sufrido directamente el impacto de un meteorito.

En un pueblo francés, los vecinos solían jugar juntos a los mismos números de la lotería, hasta que un día de 2012, el estanquero se olvidó de validar la apuesta. ¿Y qué pasó? Exacto, ese día tocó.

*   *   *

«La suerte no es lo que te ocurre, sino lo que haces con lo que te ocurre».

Richard Wiseman

*   *   *

Si te ocurre algo muy negativo, tienes que pensar cómo vas a reaccionar. Hazte al menos tres preguntas: ¿por qué me ha ocurrido este suceso? ¿Qué podría haber hecho para evitarlo? ¿Qué me ha enseñado este acontecimiento y qué podría hacer para evitar que vuelva a ocurrir en el futuro? El pasado está enraizado en el futuro... Ningún error es grave mientras no se repita y mientras se aprendan las lecciones necesarias para el mañana.

Nunca culpes al azar o a la mala suerte, pues es como ponerte una venda que te impide ver tu parte de culpa. Atribuir la causa de un suceso al azar equivale a negar tu propia responsabilidad. Tanto si se trata de acontecimientos positivos como negativos, atribuir un suceso a la mala suerte o a la buena estrella nos impide identificar los comportamientos que conducen al fracaso o al éxito. Y con esta actitud no podremos prevenir desgracias en el futuro ni repetir los éxitos.

*   *   *

¿Sabes lo que es el pensamiento creativo? Es un proceso mental que consiste en pensar muy intensamente en un objetivo o en acontecimientos felices ocurridos tu vida. Al hacerlo, te pones en disposición de alcanzar ese objetivo y propiciar que efectivamente se produzcan esos acontecimientos. Al movilizar tu pensamiento creativo, llamas a la buena suerte porque de manera inconsciente estás poniendo de tu parte para que suceda. Atrévete a imaginar un futuro feliz y tus problemas llegarán a su fin.

Adaptarse al cambio

CUANDO TE VI, DEBÍAS HACER FRENTE A UN CAMBIO DECISIVO EN TU VIDA... Y LUCHABAS POR EVITAR ESE CAMBIO...

ESTO ES LO QUE ME HUBIERA GUSTADO DECIRTE... PARA AYUDARTE A CONVERTIR ESTE CAMBIO EN UNA OPORTUNIDAD EN TU VIDA...

...PROBABLEMENTE HABRÍA EMPEZADO CONTÁNDOTE ESTA HISTORIA

Había una vez una gota de agua que vivía en el océano. Le encantaba este lugar, era plenamente feliz: tenía muchos amigos «gota de agua» y todo le iba genial. Pero un día, la temperatura empezó a subir. Era verano y el sol calentaba la superficie del océano. La gota de agua empezó a sentirse extraña. Le resultaba raro, pero tenía la impresión de que crecía. Sí, no era solo una impresión, estaba creciendo. Y a medida que lo hacía, se volvía más ligera. De repente, era tan grande y ligera que salió volando.

Subió y subió y llegó hasta el cielo, a una nube de un lugar que no conocía. La nube estaba repleta de gotas de agua como ella que se habían convertido en vapor de agua. La pequeña gota de agua estaba un poco triste, porque había dejado a algunos de sus amigos más queridos en las profundidades del océano. Después de un tiempo, hizo nuevos amigos, se acostumbró a su nuevo tamaño y peso y empezó a disfrutar su nueva vida por los aires, en esta nube siempre bañada de luz, ya fuera del sol durante el día o de la luna por la noche. Era maravilloso vivir aquí.

Pero un día, sintió algo diferente. Empezó a hacer mucho frío y, de pronto, encogió y se volvió muy pesada. Y antes de que tuviera tiempo de decir «uf», estaba cayendo muy rápido... hacia un lugar que no conocía y que se llamaba montaña. Cuando cayó del cielo, rebotó y luego aterrizó en una brizna de hierba, que era un lugar extraño. Pensó que había llegado a su destino, pero estaba equivocada: empezó a rodar por la hierba, llegó a un lugar terroso y comenzó a descender imparable hacia las profundidades de la tierra. Bajó y bajó hasta que cayó en un río subterráneo.

Aquello era un caos impresionante, pues había montones de gotas de agua a las que no conocía y que se movían de acá para allá a toda velocidad mientras seguían descendiendo. Reapareció en un torrente para seguir bajando rápidamente por la ladera de la montaña. Al día siguiente seguía descendiendo. Le costó acostumbrarse a su nueva vida, que era fluir sin descanso entre miles de gotas de agua, aunque finalmente acabó consiguiéndolo. Finalmente, la velocidad disminuyó y acabó bajando muy despacio... ¡echaba de menos el ritmo frenético! Pero bueno, se dijo a sí misma que igualmente era estupendo vivir en un torrente.

Unas semanas más tarde, llegó al mar y se encontró de nuevo en el mundo que había dejado atrás hacía tiempo. Le sorprendió volver al punto de partida y pensó que, sin duda, había pasado por un ciclo natural de transformación. Empezó una nueva vida tranquila con nuevos amigos y todo iba bien en el más bello de los océanos, cuando de repente sintió la luz del sol en su espalda... Apenas tuvo tiempo de pensar, cuando su cuerpo se volvió de repente ligero y alto y voló hacia las nubes. La gran rueda del cambio había vuelto a empezar, pero esta vez ya no tenía miedo.

*   *   *

El cuerpo humano está formado por un 55 % de agua, lo que significa que tiene una capacidad de cambio muy grande. Porque el agua es la sustancia del cambio por excelencia. Es agua el primer día, gas el segundo y hielo el tercero. Cambia de forma según la presión y la temperatura, adaptándose siempre perfectamente a su entorno, sin sufrir nunca ninguna alteración. Se adapta a todas las condiciones, cambia de forma sin dejar de ser quien es.

Cuando desciende por la montaña en forma de arroyo y luego de torrente, sortea los obstáculos, toma los caminos más cortos y se adapta a cada relieve. No maldice la piedra que bloquea su camino, simplemente la rodea o, si no puede pasar, se filtra bajo tierra para emerger más adelante. Y si no se puede filtrar, se desborda. Y si no puede desbordarse, el sol la convierte en vapor y se escapa hacia una gran nube.

*   *   *

«Las especies que sobreviven no son las más fuertes, ni las más rápidas, ni las más inteligentes; sino aquellas que se adaptan mejor al cambio».

Charles Darwin

*   *   *

Llegó el día en que el capullo de una mariposa empezó a romperse. Pasaba por allí una mujer que, curiosa, se sentó a observar cómo la joven mariposa luchaba por salir de su crisálida. Pero pronto la mujer tuvo la sensación de que el insecto no iba a conseguirlo. La mariposa parecía agotada y apenas se movía.

Deseosa de ayudar, la mujer cogió unas tijeras y cortó suavemente el capullo para que la mariposa pudiera salir. Y, entonces sí, pudo completar su ardua tarea con facilidad. La pequeña mariposa tenía un cuerpo enclenque y las alas atrofiadas y arrugadas. La mujer se dijo: «No importa, ya crecerá».

Abrió la ventana para que la mariposa saliera volando al jardín cuando estuviera lista y se puso a hacer sus cosas. Cuando unas horas más tarde volvió para cerrar la ventana, se encontró con que la mariposa seguía allí. No había conseguido volar y se había limitado a pasear por encima de la mesa.

De hecho, la mariposa no consiguió desplegar las alas en toda su vida, pasó el resto de su tiempo arrastrándose con su diminuto cuerpo, incapaz de utilizar sus atrofiados apéndices. De lo que no se dio cuenta la mujer al prestarle ayuda fue de que la estrechez del capullo era una treta de la naturaleza para obligar a la mariposa a esforzarse en perforarlo y entrenar sus alas... Solo así podría salir volando[15].

*   *   *

Todo cambio que la vida te depara conlleva su parte de esfuerzo y sufrimiento. Pero tienen una razón de ser: ayudarte a adaptarte a la nueva situación. Enfréntate a ellos y no dejes pasar el tren de la libertad y las nuevas posibilidades que promete la transformación. Si no, te quedarás a medio camino entre el viejo mundo que ya no existe y el nuevo mundo que ya ha llegado.

*   *   *

«Cuando las langostas cambian de caparazón pierden primero
el viejo y quedan sin defensas por un tiempo, vulnerables.
A los adolescentes les pasa algo parecido».

Françoise y Catherine Dolto

*   *   *

El complejo de la langosta simboliza el paso inevitable de todo cambio. Todo cambio entraña una muda. En este proceso, igual que la langosta se ve privada del preciado caparazón que la protege, los hombres y las mujeres se ven más vulnerables. Pierden referentes y no saben exactamente quiénes son, cómo reaccionar, cómo defenderse. Son más sensibles debido a la carencia

---

[15]   Esta historia se basa libremente en un relato del barón D'Holbach (1723-1789).

de la solidez que impone una identidad más antigua. El caparazón representa esta identidad que se fortalece con el tiempo.

Si estás a punto de cambiar, si estás en proceso de transformación y sientes estas emociones, tienes que saber que es perfectamente normal. Solo debes tener paciencia y dejarte llevar en el proceso. Para ello, debes mimarte. Trátate con dulzura, ternura y amor. Sé como el adolescente que está en plena metamorfosis ante la pérdida de su caparazón y el padre protector que le observa y le ayuda. Estas dos figuras conviven en ti: permanece atento a sus mensajes.

*   *   *

«*Vivir es cambiar. Esta es la lección que nos enseñan las estaciones*».

Paulo Coelho

*   *   *

El día que tienes que afrontar un cambio, corres un riesgo: la nostalgia... El pasado ejerce un gran poder de fascinación sobre las personas que tienen miedo al cambio o se niegan a cambiar por temor a sus consecuencias. Y la nostalgia es como una bebida con la que te puedes embriagar para no tener que mirar hacia delante. Si empiezas a sentirte así, vas en la dirección equivocada. Te has metido en un callejón sin salida. Tienes que volver atrás y tomar el camino que lleva al futuro.

*   *   *

El pasado está enraizado en el futuro.

*   *   *

Para evitar caer en la nostalgia, es preciso convertir el cambio en una oportunidad. Hay que tener confianza en el futuro. Hay que tener confianza en uno mismo. Es un deber y un signo de inteligencia. Así como la oruga no sabe que su transformación a mariposa entraña el poder de volar, la persona que pierde su trabajo, se divorcia o se queda en la ruina no sabe que ese gran cambio en realidad le reserva muchas alegrías y le abre un sinfín de nuevas posibilidades.

El adolescente no es consciente de que en su vida adulta le esperan habilidades, virtudes y derechos que aún no tiene. Piensa que es mejor seguir siendo un adolescente sin responsabilidades, que va al instituto y se divierte con sus amigos... Sin embargo, en su siguiente fase vital, será dueño de su propia vida, podrá viajar por el mundo, conocerá a miles de personas y ganará el dinero que necesita para hacer realidad sus sueños y alejarse de esta vida rutinaria y controlada para disfrutar de la aventura del vivir.

*   *   *

En la Tierra hay dos tipos de personas: los sedentarios y los nómadas. Hace miles de años, los sedentarios decidieron dejar de viajar y asentarse para disfrutar de la comodidad y la abundancia de la agricultura. Los nómadas siguieron viajando y descubriendo el mundo: optaron por una vida marcada por el cambio constante. En las sociedades modernas, la mayoría nacemos sedentarios, pero también podemos tomar la decisión de convertirnos en nómadas.

*   *   *

En mi habitación la cama estaba aquí, el armario allá y en medio la mesa. Hasta que esto me aburrió. Puse entonces la cama allá y el armario aquí.

Durante un tiempo me sentí animado por la novedad. Pero el aburrimiento acabó por volver. Llegué a la conclusión de que el origen del aburrimiento era la mesa, o mejor dicho, su situación central e inmutable.

Trasladé la mesa allá y la cama en medio. El resultado fue inconformista.

La novedad volvió a animarme, y mientras duró me conformé con la incomodidad inconformista que había causado. Pues sucedió que no podía dormir con la cara vuelta a la pared, lo que siempre había sido mi posición preferida.

Pero al cabo de cierto tiempo la novedad dejó de ser tal y no quedó más que la incomodidad. Así que puse la cama aquí y el armario en medio.

Esta vez el cambio fue radical. Ya que un armario en medio de una habitación es más que inconformista. Es vanguardista.

Pero al cabo de cierto tiempo... Ah, si no fuera por ese «cierto tiempo». Para ser breve, el armario en medio también dejo de parecerme algo nuevo y extraordinario.

Era necesario llevar a cabo una ruptura, tomar una decisión terminante. Si dentro de unos límites determinados no es posible ningún cambio verdadero, entonces hay que traspasar dichos límites. Cuando el inconformismo no es suficiente, cuando la vanguardia es ineficaz, hay que hacer una revolución. Decidí dormir en el armario. Cualquiera que haya intentado dormir en un armario, de pie, sabrá que semejante incomodidad no permite dormir en absoluto, por no hablar de la hinchazón de pies y de los dolores de columna.

Sí, esa era la decisión correcta. Un éxito, una victoria total. Ya que esta vez «cierto tiempo» también se mostró impotente. Al cabo de cierto tiempo, pues, no solo no llegué a acostumbrarme al cambio —es decir, el cambio seguía siendo un cambio—, sino que, al contrario, cada vez era más consciente de ese cambio, pues el dolor aumentaba a medida que pasaba el tiempo.

De modo que todo habría ido perfectamente a no ser por mi capacidad de resistencia física, que resultó tener sus límites. Una noche no aguanté más. Salí del armario y me metí en la cama. Dormí tres días y tres noches de un tirón. Después puse el armario junto a la pared y la mesa en medio, porque el armario en medio me molestaba.

Ahora la cama está de nuevo aquí, el armario allá y la mesa en medio. Y cuando me consume el aburrimiento, recuerdo los tiempos en que fui revolucionario.[16].

*   *   *

«*Sé el cambio que quieres ver en el mundo*».

Gandhi

*   *   *

Toma la iniciativa del cambio en tu vida. Si te anticipas al cambio, serás el dueño de tu destino. No tendrás que aguantar cambios no deseados. Y si ocurren, acéptalos con humildad, sin desesperarte. No te vengas abajo. Pasa a la acción y hazte de nuevo con las riendas. Presta atención, porque las oportunidades están ahí. De ti depende descubrirlas y verlas con otros ojos; cambia tu perspectiva y se te abrirán nuevos horizontes en la vida. El cambio será entonces una experiencia extraordinaria.

*   *   *

En la vida hay dos tipos de personas: el asentado y el recién llegado. Los asentados llevan mucho tiempo en un mismo en un lugar, un sector, una profesión. Lo saben todo y su experiencia les permite disfrutar de todos los beneficios a su alcance; se mueven en su ambiente como pez en el agua. Los otros son los recién llegados. No tienen una experiencia que les avale y para ellos la vida es mucho más difícil. Cuando las cosas cambian, lo más difícil es

---

[16]   Este texto es un extracto del libro *La vida difícil* (1991), traducción de Bożena Zaboklicka y Francesc Miravitlles.

pasar de la condición de asentado a la de recién llegado. Por eso, el precio del cambio suele ser la humildad.

*　　　*　　　*

«*La humildad te hace invulnerable*».

Marie von Ebner-Eschenbach

*　　　*　　　*

Como comprenderás, el cambio te pone siempre a prueba. Te enfrenta a la impotencia de ver cómo se transforma tu contexto. La única defensa es anhelar el cambio. La vida es cambio. El deseo de cambio no es otra cosa que el deseo de vivir. Si tienes un profundo deseo de vivir tu vida, recibirás todos los cambios que se te presenten con los brazos abiertos. Aunque los cambios te lleven a vivir momentos difíciles, estoy convencido de que sabrás sacarles el máximo partido.

Estar en conflicto

CUANDO TE VI, ESTABAS INMERSO EN UN CONFLICTO... TE NOTÉ AGOTADO Y DAÑADO EN LO MÁS PROFUNDO DE TU SER.

ESTO ES LO QUE ME HUBIERA GUSTADO DECIRTE... PARA AYUDARTE A RESOLVER ESTE CONFLICTO Y SUPERARLO...

...PROBABLEMENTE HABRÍA EMPEZADO CONTÁNDOTE ESTA HISTORIA.

En un tiempo muy remoto, había unos hombres y mujeres tan pretenciosos que, para hacer gala de todo su poder, tuvieron la idea de construir una torre que llegara hasta el cielo y así poder tocar a Dios. En aquella época, todos los hombres y mujeres de la Tierra hablaban la misma lengua.

Dios no aprobaba la construcción de esta torre, pues la veía como el símbolo del orgullo y la arrogancia, así que decidió poner fin a su proyecto. Para ello, hizo que cada una de las personas que construían la torre hablase una lengua única, distinta de la de los demás.

La confusión reinó entre aquellos hombres y mujeres encargados de erigir la torre, pues no podían entenderse los unos a los otros. Así, la construcción se detuvo y todos los hombres y mujeres se dispersaron por la faz de la tierra.

*   *   *

Muchos conflictos tienen su origen en la lengua. Cuando los protagonistas no hablan la misma lengua, se producen malentendidos. Estos equívocos generan frustraciones que pueden traducirse en conflictos duraderos. Por eso, lo primero que hay que hacer para resolver un enfrentamiento es intentar hablar la lengua de la otra persona. Pero hay que poner mucho empeño, pues conseguir hablar la lengua de otra persona es más difícil incluso que dominar una lengua extranjera, pues no suele haber un diccionario al que recurrir.

Por eso es importante tomarse el tiempo necesario para entender el significado de las palabras que utiliza la otra persona. Hay que estar atento a las entonaciones de su voz y a las emociones de sus ojos. Hay que hacerle preguntas para aclarar lo que piensa o siente. Una palabra no significa lo mismo para dos personas. Eso se descubre incluso después de vivir diez años al lado de un hombre o de una mujer. Al comprender mejor a la otra persona, es más factible detectar el origen del conflicto y la manera de superarlo.

*   *   *

Érase una vez dos tribus llamadas los Pocoroh y los Pocorah. Cada una de ellas vivía en una montaña. Las dos tribus se detestaban y siempre entraban en conflictos que solían terminar en las armas. La primera acusaba a la otra de robar el agua del río; y la segunda acusaba a la otra de quedarse con la hierba de los prados. Si surgía algún problema, se achacaban la responsabilidad la una a la otra. Era un círculo vicioso que generaba frecuentes ofensas, insultos y peleas.

Un día, un sabio que pasaba por allí se topó con una disputa que terminó con multitud de heridos. Como era un buen hombre, se empeñó en poner todo de su parte para reconciliar a las dos tribus. Así, fue un día a visitar a los Pocoroh y propuso a su jefe hacer una excursión. El jefe se mostró muy reacio, pero el sabio acabó convenciéndole. Bajaron la montaña y luego subieron a la otra. Mientras ascendían, el jefe Pocoroh descubrió que los Pocorah eran capaces de cultivar maíz y trigo.

Por eso sacaban el agua del río.

Pasaron unos días en la montaña, explorando y conociendo a sus habitantes antes de regresar a casa. El sabio pidió entonces al jefe de los Pocorah hacer una excursión. Cuando consiguió convencerle, le vendó los ojos y le llevó hasta la segunda montaña. Al subir por el camino, el jefe Pocorah descubrió que los Pocoroh criaban vacas y ovejas, por eso siempre tenían carne para comer. El heno servía para alimentar al ganado todo el año, incluso en invierno.

Por eso cogían la hierba de los prados.

Tras este experiencia, las dos tribus decidieron intercambiar sus conocimientos sobre agricultura y ganadería: los Pocorah aprendieron a cultivar trigo y maíz y los Pocoroh, a criar vacas y ovejas. El sabio se puso de nuevo en camino, seguro de que no habría más conflictos entre las dos tribus. Les había enseñado a ver lo que podían aportarse mutuamente. En lugar de dedicarse a guerrear, podrían iniciar proyectos juntos. «¡La humanidad es maravillosa cuando trabaja unida!» —se dijo mientras se abría paso a través de la naturaleza.

*   *   *

El conflicto consume mucho tiempo y energía. El conflicto es destructivo, por eso es importante alcanzar rápidamente un acuerdo. Pero para ello es imprescindible escuchar las necesidades del otro; solo así se iniciaría el camino hacia una solución que, a pesar del desacuerdo, satisfaga las necesidades de las dos partes. De ahí la necesidad de detectar lo que el otro requiere. A este proceso le llamamos «escalar la montaña del otro».

*   *   *

«Antes de juzgar a una persona, camina tres lunas con sus mocasines».

Proverbio amerindio

*   *   *

En una hermosa mañana soleada, Buda meditaba en presencia de sus discípulos cuando se acercó una mujer.

—¿Existe Dios? —preguntó.
—Por supuesto que existe —respondió Buda.
Después del almuerzo, se acercó otra mujer.
—¿Existe Dios? —preguntó.
—Por supuesto que no, no existe —respondió Buda.
Al final de la tarde, una tercera mujer se presentó para preguntar a Buda.
—¿Existe Dios? —preguntó.
—No hay una respuesta única a esta pregunta; en tu mano está elegir la respuesta que más te convenga —respondió Buda.

En cuanto la mujer se hubo retirado, uno de los discípulos, que solía enfadarse, exclamó indignado: «Maestro, no lo entiendo, ¡esto es absurdo! ¿Por qué da respuestas diferentes a la misma pregunta?».
Buda sonrió y dirigió una mirada de compasión al joven que lo tranquilizó de inmediato. Entonces dijo: «Porque son personas diferentes, cada una llegará al conocimiento de Dios a su manera».
La primera mujer creerá en mi palabra.
La segunda hará todo lo posible por demostrar que me equivoco.
La tercera solo creerá lo que ella misma decida.
Así son los hombres y las mujeres, todos diferentes.

*   *   *

A veces, un conflicto no puede resolverse porque no se puede llegar a un acuerdo. En este caso, puedes pedir a un mediador que te ayude a encontrar una solución. Esta figura puede aportar una solución que aún no se haya imaginado. Como no es parte interesada, está legitimado para proponer una salida equilibrada. Es una ayuda suplementaria para resolver un conflicto. No dudes nunca en recurrir a un tercero de confianza para que te ayude a encontrar una solución.

*   *   *

«Solemos burlarnos de los niños que justifican sus desmanes con la siguiente queja: "¡Ha empezado él!" Sin embargo, ningún conflicto adulto encuentra su génesis en otra parte».

Amélie Nothomb

*   *   *

Los conflictos no surgen nunca de una situación, sino de una diferencia de puntos de vista sobre una situación. Un conflicto suele poner de manifiesto diferencias de valores profundamente arraigadas. Si reaccionas con tanta fuerza, es porque el comportamiento de la otra persona «ofende» tus valores, a veces sin querer, en lo más profundo de tu corazón. Por eso un acto insignificante puede provocar una reacción tan fuerte. No es el acto lo que genera la reacción, sino la repercusión de ese acto en tu yo más íntimo.

Si estás en conflicto con alguien, pregúntate por los valores que guían tu vida. Descubrirás probablemente que el comportamiento de esa persona va en contra de tus valores. Entonces podrás darle las gracias por haberte ayudado a conocerte mejor. Luego puedes decidir entre enfrentarte a ella, evitarla o aceptarla tal como es. También puedes cuestionar tus valores y averiguar si te están siendo de utilidad. Respetar tus valores significa respetarte a ti mismo, pero tus valores nunca deben llevarte a la violencia.

*   *   *

Érase una vez un niño que, desde el momento en que nació, tuvo la gran dicha de disfrutar en su vida de toda suerte de ventajas. Y con razón: nació en el seno de una familia acaudalada y poderosa.

Además, nació con un coeficiente intelectual muy superior a la media. También era muy guapo y, por si fuera poco, estaba dotado de una fuerza física hercúlea.

Sus padres estaban orgullosos de él. Habían depositado grandes expectativas en su retoño. Lo veían como una prolongación de sus propias vidas y estaban dispuestos a hacer cualquier cosa para que alcanzara las cotas más altas.

Lo matricularon en la mejor escuela, con los mejores profesores. Y como no era suficiente, también contrataron a profesores particulares. A los quince años, el chico sobresalía en todas las asignaturas sin distinción: literatura, historia, ciencias y matemáticas.

Aparte de la escuela y del tiempo que pasaba estudiando, se preocuparon por que su hijo practicara varios deportes. Como poseía una fuerza física extraordinaria, no tardó en destacar en todos ellos, ganando todas las competiciones a las que se presentaba. También aprendió las artes: pintura, escultura y escritura, en todas las cuales destacó gracias a su capacidad de demostrar una gran precisión y al mismo tiempo ser extremadamente inventivo cuando era necesario.

Para exaltar su belleza, mandaron comprar las telas más hermosas y pidieron que le confeccionaran unos trajes magníficos. Así vestido, el chico que ya era el primero de la clase y el mejor en todas las disciplinas deportivas, se convirtió también en el chico más guapo del universo.

Cuando hubieron conseguido todo esto, los padres del joven imaginaron para él el futuro más grandioso: llegaría a ser presidente, o jefe de una multinacional, o deportista de élite, o artista famoso, o las cuatro cosas a la vez.

Para saber con certeza qué le depararía el futuro, se presentaron ante un oráculo. El oráculo era una persona que podía predecir el futuro de los jóvenes. Todo lo que tenía que hacer era observarlos. Entonces cerraba los ojos y recibía visiones que le decían claramente cuál sería su porvenir.
El oráculo nunca se había equivocado en ninguna profecía.

Observó detenidamente al joven y quedó inmediatamente impresionado por su belleza y el carisma que emanaba de él. Entonces cerró los ojos durante un largo momento. Su rostro se crispó ligeramente y, cuando volvió a abrir los ojos, dijo:

«Este chico tiene todo lo que necesita para triunfar, pero no lo hará».

Sus padres volvieron a casa muy disgustados y se propusieron contradecir al oráculo. Y para ello redoblaron sus esfuerzos. Gracias a todas las clases y al entrenamiento, se hizo aún más guapo, más inteligente y fuerte de lo que ya era. Sin embargo, la predicción del oráculo se cumplió.

Su hijo tenía todas las cualidades, pero era odiado.

Sus amigos, a quienes ofendía su perfección, pasaban el tiempo tramando maldades contra él. Lo acosaban continuamente para amargarle la existencia.

Sus profesores pensaban que era un engreído y le privaban de muchos conocimientos. No querían enseñarle.

En los deportes, nadie le quería en su equipo. Y en los deportes individuales, nadie le quería como oponente.

En las actividades artísticas, los críticos pensaban que su obra estaba demasiado adelantada a su tiempo y ya no la valoraban.

El joven había recibido todas las cualidades de la naturaleza y de su educación excepto una: nunca había aprendido a interesarse por los demás y a valorarlos. Y, sin embargo, ¿no es esa la necesidad básica de todo ser humano?

En su presencia, los demás se encontraban a disgusto. Se sentían inferiores y nunca tenían espacio para brillar o para presumir, O se sentían humillados y huían de estas situaciones.

El joven, tan guapo, tan inteligente, tan fuerte, pronto se encontró solo. No hay éxito posible si se está solo. Acabó su vida como ermitaño, viviendo en un lugar apartado del mundo, y finalmente murió sin haber llegado nunca a nada.

*   *   *

El conflicto te pone a prueba. Es una oportunidad para aprender y desarrollar tu interior. Cada conflicto te presenta una ocasión para progresar en la gestión de tus estados internos. Considera cada conflicto como un reto y cada reto como un juego. Tienes que encontrar la llave que te permita abrir el corazón de tu oponente. Si lo consigues, desaparecerá todo rastro de conflicto y hallarás en él un nuevo amigo. Se te plantea un reto considerable.

*　　*　　*

«Las dificultades están destinadas a despertarnos, no a desalentarnos. El espíritu humano crece a través del conflicto».

William Ellery Channing

*　　*　　*

Hay dos maneras de resolver un conflicto. La primera es triunfar por la fuerza. En este caso, te crearás un enemigo para siempre: la persona a la que has combatido y derrotado tendrá siempre sed de venganza. La segunda es triunfar a través del amor; en esta situación, tu capacidad de creer en la otra persona te permitirá resolver el problema. Deja de ser un guerrero y ponte el traje de sabio: acepta perdonar y querer a tu adversario. Con el afecto, le llevarás a descubrir una nueva parte de ti mismo.

*　　*　　*

«Siempre que surge la discordia, que choca uno con la oposición, hay que intentar vencer al adversario con el amor».

Gandhi

*　　*　　*

¿Conoces los cuatro acuerdos toltecas[17]? Pueden ayudarte a prevenir conflictos. Son estos:

«Sé impecable con las palabras»

Habla siempre con integridad. Di solo lo que realmente quieres decir. No pienses ni digas nada en contra de ti mismo. Nunca utilices la palabra para difamar ni para criticar a los demás La palabra debe utilizarse con espíritu de verdad y amor; es una herramienta que puede construir o destruir. Sé consciente de su poder y domínala. Nunca utilices la mentira ni la calumnia. Sé sincero para construir relaciones más auténticas y armoniosas.

«No tomes nada personalmente»

Nunca eres la causa de las acciones de otra persona. Las acciones y palabras de los demás son únicamente el resultado de sus deseos, necesidades, emociones y fantasías. El día que te des cuenta de que no eres en absoluto el motivo ni el origen de las acciones de los demás, te habrás liberado. El padre no es responsable de los actos del hijo, la hija no es responsable de los actos de la madre, el jefe no es responsable de los actos del subordinado, etc. Al tomar conciencia de esta realidad, devuelves la libertad y la responsabilidad a la otra persona.

«No hagas suposiciones»

Cuando estás estresado o angustiado, te imaginas lo peor. Pues eso es lo peor que puedes hacer, porque al estar dándole vueltas a la cabeza constantemente con suposiciones negativas, acabas creyéndotelas. Conviertes las suposiciones en certezas. Cuando imagines algo, atrévete a hacer preguntas y a expresar tus necesidades para comprobar si lo que piensas es cierto. Comunícate claramente con los demás y evita la tristeza y la ansiedad que provocan

---

[17]   Los cuatro acuerdos toltecas (2016).

los malentendidos y los pensamientos, acciones o intenciones que no existen y que residen solo en tu imaginación.

«Haz siempre el máximo esfuerzo»

No es necesario que todo lo que hagas salga impecable. La única obligación que tienes es hacerlo siempre lo mejor que puedas. Tu «mejor» cambia según el contexto. Sean cuales sean las circunstancias, hazlo lo mejor que puedas. No te juzgues, no te sientas culpable, nunca te arrepientas, porque el pasado solo puede cambiarse actuando y construyendo tu futuro. Intenta, prueba, fracasa. El día que falles, perdónate. No puedes ser perfecto y salir siempre victorioso.

Good Bye

Pues este es el final. Ha llegado el momento de decir adiós. Te quiero dar las gracias por haberte detenido a escuchar mis palabras y por haberme dedicado este precioso tiempo.

¿Qué más puedo decir?

La vida es un verdadero desafío. Hay conflictos, problemas, dificultades, separaciones, fracasos, giros del destino, éxitos y fracasos...

Se requiere mucha sabiduría para preservar el bienestar interior.

Creo que existen cuatro principios que pueden ayudarte a hacer del mundo un lugar más cómodo y donde todos estos eventos sean más fáciles de digerir.

El primero de ellos es el amor. Necesitas sentir amor, pero ante todo hacia ti mismo. No estoy hablando de enamoramiento o pasión amorosa: amor es lo que sentimos cuando deseamos de manera profunda e incondicional que un ser vivo crezca y viva en un entorno seguro y agradable. Amar es querer ver a una persona vibrar a su manera. Si sientes amor por ti mismo y por los que te rodean, te sentirás pleno y en armonía.

¿Puedo amar y aun así encarnar la imagen de un varón viril? Por supuesto que puedes, probablemente ha llegado el momento de que seas simplemente un ser humano y dejes de asumir esa imagen dura que la sociedad intenta imponerte.

El segundo principio es la gratitud. Actuar es dar, pero también hay que aprender a recibir. Es igual que la respiración. Cuando inspiras, recibes oxígeno de la naturaleza, que te permite vivir, y cuando espiras, das carbono, que utilizan las plantas para respirar. Aprende a dar y recibir igual que respiras. Actúa en favor de los demás y acepta los regalos de la vida. Verás que todo fluye de manera más fácil para ti y los que te rodean.

El tercer principio es confiar en la vida. Está muy bien tener confianza en uno mismo, en las propias capacidades físicas e intelectuales, para superar los obstáculos y retos de la vida, pero es aún más útil tener confianza en la vida misma. Imagina que estás nadando en medio del mar. Puedes confiar en tus manos y pies para mantenerte a flote, pero también puedes confiar en que el mar te lleve.

Pruébalo un día que estés nadando en el mar: deja de moverte, túmbate, deja que tu cabeza repose en el agua y déjate llevar. Verás que tu cuerpo flota. El mar lo lleva igual que la vida te lleva a ti. Si confías en la vida, podrás dejarte llevar; te sonreirá la buena fortuna y las fuerzas positivas se pondrán manos a la obra. Comprobarás que muchos problemas se resuelven solos y podrás al fin respirar y disfrutar de una alegría plena y completa.

*   *   *

«El pájaro no vuela. Es el aire el que lo transporta. El pez no flota. Es el agua el que lo transporta».

Proverbio chino

*   *   *

El cuarto principio es el poder de la alegría. El mundo en el que vives es un cuadro. Tú eres el pintor de este cuadro. Tú decides cada día lo que quieres representar en él. Tus acciones y tus pensamientos son tus pinceles. Y el color son tus emociones. Puedes elegir pintar cada día un cuadro gris con formas aterradoras llenas de tristeza. Pero también puedes elegir pintar cada día un cuadro con colores resplandecientes. Ese es el poder de la alegría.

No lo olvides nunca. No es el mundo exterior el que determina tu mundo interior. Tienes dentro de ti el poder de transformar tu mundo interior y de transformar tu mundo exterior. La alegría tiene así el poder de convertir las pruebas en oportunidades, los obstáculos en ocasiones para crecer, las penas en esperanzas... La alegría estaba dentro de ti cuando eras niño, todo lo que tienes que hacer para encontrarla de nuevo es recordar. Deja que la alegría llene todo tu ser y verás cómo el mundo y las personas cambian ante tus ojos como por arte de magia.

Espero que lo consigas, porque en cualquier caso, te deseo lo mejor.

Adiós y hasta pronto...

¿Te ha gustado este libro? ¿Te ha resultado útil? Si es así, piensa en alguien a quien quieras: un amigo, un familiar, un compañero de trabajo, alguien de quien estés enamorado... al que hayas visto recientemente en dificultades. Regálale un ejemplar de este libro como muestra de tu cariño, interés y sensibilidad. Y, ¿quién sabe? Tal vez el libro le guste y le resulte útil. Pensará entonces en regalárselo a su vez a otra persona. Y así, este libro pasará de mano en mano como un mensaje de afecto y bondad y juntos haremos del mundo un lugar mejor.

The Sound Of Silence

(El sonido del silencio)

Hello darkness, my old friend,
Buenas noches oscuridad, mi vieja amiga,
I've come to talk with you again
He venido a hablar contigo otra vez,
Because a vision softly creeping,
porque una visión que se deslizaba suavemente
Left its seeds while I was sleeping
dejó su semilla mientras yo estaba durmiendo.
And the vision that was planted in my brain, still remains
Y la visión que quedo plantada en mi cerebro, ahí sigue
Within the sound of silence
dentro del sonido del silencio
In restless dreams I walked alone,
Entre sueños inquietos, yo caminaba solo
Narrow streets of cobblestone
por estrechas calles de adoquines.
'Neath the halo of a street lamp,
Bajo el resplandor de una farola,
I turned my collar to the cold and damp
volví el cuello de la camisa para guarecerme del frío y la humedad,
When my eyes were stabbed by the flash of a neon light,
cuando mis ojos sintieron una punzada a causa de una luz neón
That split the night and touched the sound of silence
que partío la noche en dos y tocó el sonido del silencio...
And in the naked light I saw,
Y bajo la desnuda luz, ví
Ten thousand people, maybe more
diez mil personas, quizá más...

People talking without speaking,
Gente parloteando sin conversar,
People hearing without listening
gente que oía sin escuchar,
People writing songs that voices never share,
gente que escribía canciones que las voces nunca compartieron
And no one dared disturb the sound of silence
Y nadie se atrevía a perturbar el sonido del silencio.
Fools, said I, you do not know,
«Idiotas —dije yo—. No sabéis
Silence, like a cancer, grows
que el silencio crece como un cáncer
Hear my words that I might teach you,
Escucha las palabras que yo podría enseñarte,
Take my arms that I might reach you
toma mis brazos para que pueda alcanzarte
But my words, like silent raindrops fell,
Sin embargo, mis palabras cayeron como gotas de lluvia
And echoed in the wells of silence
y resonaron en los pozos del silencio
And the people bowed and prayed
Y la gente, se inclinaba y rezaba
To the neon god they made
al dios de neón que ellos habían construido.
And the sign flashed out its warning
Y la señal mostró su aviso mediante un destello
In the words that it was forming
con las palabras que se formaban.
And the sign said: the words of the prophets
Y las señales dijeron: «las palabras de los profetas
Are written on the subway walls
están escritas en las paredes de los metros,
And tenement halls,

EMERIC LEBRETON

y en las entradas de los pisos
And whispered in the sounds of silence
y se susurran a través de los sonidos del silencio.

Simon & Garfunkel, 1964

La respuesta a la pregunta planteada al principio de este libro

Al principio de este libro te pregunté cuáles era los tres animales que se te ocurrían primero al pedirte que pensaras en alguno, ¿te acuerdas?

Pues bien, el primer animal es cómo te ves a ti mismo.
El segundo animal es cómo te ven los demás.
El tercer animal es quién eres realmente.

*　　*　　*

Bibliografía

Butteau, P. *Manager, un véritable jeu avec la PNL*, Arnaud Franel Éditions, París, 2002.

Buzati, D. El «K», Arnoldo Mondadori Editore, Roma, 1966.

Butterworth, E., *Discover the Power Within You by Butterworth*, Paperback, 2000.

Lebreton, E.. *L'hypnose : la clé du bonheur*, Éditions Inpress, París, 2017.

Leroux, P. *Pour le cœur et pour l'esprit*, Un monde différent, Québec, 2011

Mrožek, S. *La vie est difficile*, Albin Michel, París, 1991.

Rosenberg, M. *Les mots sont des fenêtres (ou bien ce sont des murs): Introduction à la Communication Non Violente*, Editions de la découverte, París, 2004.

Ruiz, M. *Les quatre accords toltèques: La voie de la liberté personnelle*, Éditions Jouvence, Archamps, 2016.

Una última historia antes de irnos...

Érase una vez una tribu establecida en algún punto de África. En esta tribu, se consideraba el día de nacimiento de un niño no el día en que nacía ni el que era concebido, sino el día en que su madre imaginaba en sueños su llegada. En esta tribu, cuando una mujer decidía tener un hijo, se sentaba al pie de un árbol y se quedaba escuchando hasta percibir el canto del niño que quería nacer. Cuando oía la canción del niño, regresaba a la aldea para reunirse con el hombre que sería su padre. Ella le enseñaba entonces la canción del niño. Y cuando hacían el amor, ambos cantaban la canción del niño, como una invitación.

Una vez que se había quedado embarazada, enseñaba a las parteras y a otras ancianas del pueblo la canción del niño. Cuando el niño nacía, la partera y las ancianas del pueblo le cantaban su canción para darle la bienvenida. Según crecía el niño, el resto de integrantes de la tribu aprendían también su canción. Si el niño se caía o se hacía daño, la persona que lo viera afligido podía cantar su canción para consolarlo. Si el niño hacía un milagro o superaba los ritos de la pubertad, los miembros de la tribu cantaban su canción. Y el niño se sentía entonces honrado y orgulloso porque así lo reconocían todos los miembros de la tribu.

Había otro momento importante en el que la tribu le cantaba la canción. Si la persona cometía un delito o un acto reprobable en algún momento de su vida, se la llamaba al centro del pueblo. Entonces, todos los habitantes formaban un círculo a su alrededor y cantaban su canción. La tribu era consciente de que el mal comportamiento no se corrige con el castigo, sino con el amor y el recuerdo de la identidad. Cuando una persona reconozca su canción dejará de comportarse de forma inadecuada, pues sabrá entonces quién es y de dónde proviene. Y así, los miembros de la comunidad que transgredían las normas eran invitados a regresar al camino correcto.

A lo largo de su vida, las personas podían reconocerse y ser reconocidas a través de su canto... Cuando se casaban, cuando llegaba su cumpleaños, cuando hacían algo bueno por los demás... Y cuando llegaba el día de su muerte, toda la tribu, reunida en torno al lecho del difunto, cantaba por última vez su canción para acompañarle al más allá. Y esta canción hacía más sencillo este trance final. Y más tarde, cuando los vivos querían recordar a la persona que habían amado pero que había desaparecido, podían cantar su canción y sentir su presencia. La canción era una forma de mantener viva a la persona mucho después de que hubiera muerto.

Tú no creciste en esa tribu de África que te canta una canción en los momentos cruciales de tu vida. Pero tú también tienes una canción, y la vida te la recuerda. Cuando te sientes en armonía contigo mismo, cuando te sientes bien, es porque tu vida, tus acciones, tus experiencias y tus emociones están en sintonía con tu canción. Y cuando te sientes mal, es porque tu vida, tus acciones, tus experiencias y tus emociones ya no están en sintonía con tu canción. En realidad, tú también puedes descubrir cuál es tu canción y cantarla. Intenta encontrar tu canción, deja que te llegue como un susurro con los pensamientos que la acompañan, porque eso es lo que eres en el fondo de tu ser.

Recuerda tu canción...

Del mismo autor

Lebreton, E. *L'hypnose : la clé du bonheur*, Éditions Inpress, París, 2017.

Lebreton, E. *10 attitudes gagnantes pour réussir dans la vie*, Éditions Maxima, París, 2017.

Goldman, M., & Lebreton, E. *50 histoires inspirantes pour être heureux*, Ediciones Orient'Action®, París, 2017.

Lebreton, E. *La méthode 10/10 : perdre dix kilos et vivre 10 ans de plus*, Ediciones Orient'Action®, París, 2016.